Pascal Grolimund
Dr. iur., LL.M., Advokat, Titularprofessor an den Universitäten Basel und Zürich

Anton K. Schnyder
Dr. iur., LL.M., o. Professor an der Universität Zürich

Internationales Privat- und Zivilprozessrecht

in a nutshell

2. Auflage

DIKE

Abbildung Umschlagseite: «Universum in der Nussschale»

Mit freundlicher Genehmigung von
Hans C. F. Schmidt Studio, Hamburg, www.hans-schmidt-studio.de
Vergolderei Beuster, Hamburg, www.vergolderei-beuster.de

Bibliografische Information der Deutschen Nationalbibliothek
Die Deutsche Nationalbibliothek verzeichnet diese Publikation in der Deutschen Nationalbibliografie; detaillierte bibliografische Daten sind im Internet über http://dnb.dnb.de abrufbar.

ISBN 978-3-03751-823-6

www.dike.ch

Vorwort zur 2. Auflage

Der Umfang der 2. Auflage dieses Kurzlehrbuches zum Internationalen Privat- und Zivilprozessrecht wurde erheblich erweitert. So wurden das Internationale Familienrecht eingearbeitet, zusätzliche Beispiele aufgenommen und die Rechtsentwicklungen in Rechtsprechung und Lehre nachgeführt. Die 2. Auflage wird neu durch ein Sachregister abgerundet.

Das Internationale Privat- und Zivilprozessrecht *in a nutshell* bleibt ein Kurzlehrbuch, das sich besonders zur Prüfungsvorbereitung und Stoffauffrischung in der Praxis eignet.

Wir bedanken uns bei Frau Anouk Fischler für ihre grosse Unterstützung bei der Ausarbeitung dieser Neuauflage.

Basel/Zürich, Mai 2016 — P. Grolimund / A.K. Schnyder

Vorwort zur 1. Auflage

Das Internationale Privatrecht (unter Einschluss prozessrechtlicher Fragestellungen) stellt ein komplexes und vielfältiges Rechtsgebiet dar. Namentlich für die Schweiz mit ihrer Exportorientiertheit und ihren häufigen internationalen Bezügen sowie Transaktionen ist das IPR – als Recht der Zuordnung beziehungsweise Verweisung von Rechtsfragen an die anwendbare Rechtsordnung – von grosser Bedeutung.

Die Autoren wollen einen praxisorientierten Einstieg in das weitläufige Gebiet des IPR bieten. Ihr langjähriger Umgang mit der Materie in Literatur, Praxis und Lehre soll dazu beitragen, in innovativer Weise die Komplexität des IPR zu reduzieren (Luhmann) und sie gleichzeitig zu erhalten. – Ein besonderer Dank geht an Frau lic. phil. Anja Gruber Christ, die die Arbeiten in hervorragender und vielfältiger Weise unterstützt hat.

Basel/Zürich, März 2011 P. Grolimund / A.K. Schnyder

Inhaltsübersicht

Inhaltsverzeichnis

Abkürzungsverzeichnis

(Abkürzungen für Gesetze und sonstige Erlasse werden der Übersichtlichkeit wegen im Text bei erster Verwendung referenziert.)

Abs.	Absatz
AG	Aktiengesellschaft
AGB	Allgemeine Geschäftsbedingungen
Art.	Artikel (Singular und Plural)
AT	Allgemeiner Teil
Aufl.	Auflage
BGE	Amtliche Sammlung der Entscheidungen des schweizerischen Bundesgerichts
BGer	Bundesgericht
BGH	(deutscher) Bundesgerichtshof
Bsp.	Beispiel(e)
bspw.	beispielsweise
BT	Besonderer Teil
bzw.	beziehungsweise
c.i.c.	culpa in contrahendo
dgl.	dergleichen
d.h.	das heisst
EFTA	Europäische Freihandelsassoziation
etc.	et cetera
EU	Europäische Union
EuGH	Gerichtshof der Europäischen Gemeinschaften
EWG	Europäische Wirtschaftsgemeinschaft
EWR	Europäischer Wirtschaftsraum
f., ff.	und folgende(r)
GoA	Geschäftsführung ohne Auftrag
h.L.	herrschende Lehre
Hrsg.	Herausgeber
i.A.	im Allgemeinen
i.d.R.	in der Regel
i.e.	id est
i.e.S.	im engeren Sinne
inkl.	inklusive
insbes.	insbesondere

i.S.	im Sinne (des, der)
i.S.v.	im Sinne von
i.V.m.	in Verbindung mit
i.w.S.	im weiteren Sinne
i.e.	id est (das ist, das heisst)
IPR	Internationales Privatrecht
lit.	litera
m.w.H.	mit weiteren Hinweisen
m.w.N.	mit weiteren Nachweisen
Nr.	Nummer
Rz.	Randziffer
S.	Seite
s.	siehe
s.o.	siehe oben
sog.	sogenannt(e)
s.u.	siehe unten
SR	Systematische Sammlung des Bundesrechts; Systematische Rechtssammlung
u.a.	und andere(s); unter anderem (anderen)
u.E.	unseres Erachtens
usw.	und so weiter
u.U.	unter Umständen
u.v.m.	und vieles mehr
v.a.	vor allem
vs.	versus
z.B.	zum Beispiel
Ziff.	Ziffer
z.T.	zum Teil

Literatur zum Internationalen Privat- und Zivilverfahrensrecht

(in der jeweils neusten Auflage)

Literatur Schweiz

BOPP LUKAS/GROLIMUND PASCAL, Fälle und Lösungen zum Internationalen Privat- und Zivilverfahrensrecht

BUCHER ANDREAS, Droit international privé suisse, mehrere Bände

BUCHER ANDREAS/BONOMI ANDREA, Droit international privé

DASSER FELIX/OBERHAMMER PAUL (Hrsg.), Kommentar zum Lugano-Übereinkommen (LugÜ)

DONZALLAZ YVES, La Convention de Lugano du 16 septembre 1988 concernant la compétence judiciaire et l'exécution des décisions en matière civile et commerciale

DROBNJAK SASCHA/WEINGART-SCHNEIDER DENISE, Repetitorium Internationales Privat- und Zivilprozessrecht

DUTOIT BERNARD, Droit international privé suisse

FURRER ANDREAS/GIRSBERGER DANIEL/MÜLLER-CHEN MARKUS, Handkommentar zum Schweizer Privatrecht, Internationales Privatrecht

FURRER ANDREAS/GIRSBERGER DANIEL/MÜLLER-CHEN MARKUS/SCHRAMM DOROTHEE, Internationales Privatrecht

FURRER ANDREAS/GIRSBERGER DANIEL/SIEHR KURT (Hrsg.), Schweizerisches Privatrecht. Band XI. Internationales Privatrecht. Allgemeine Lehren

GIRSBERGER DANIEL/HEINI ANTON/KELLER MAX/KREN KOSTKIEWICZ JOLANTA/SIEHR KURT/VISCHER FRANK/VOLKEN PAUL (Hrsg.), Kommentar zum Bundesgesetz über das Internationale Privatrecht (IPRG) vom 18.12.1987 (Zürcher Kommentar zum IPRG)

GUILLAUME FLORENCE, Droit international privé – Principles généraux

HONSELL HEINRICH/VOGT NEDIM PETER/SCHNYDER ANTON K./BERTI STEPHEN V. (Hrsg.), Internationales Privatrecht (Basler Kommentar)

KNOEPFLER FRANÇOIS/SCHWEIZER PHILIPPE/OTHENIN-GIRARD SIMON, Droit international privé suisse

KREN KOSTKIEWICZ JOLANTA, Grundriss des schweizerischen Internationalen Privatrechts

KREN KOSTKIEWICZ JOLANTA, IPRG/LugÜ Kommentar, Bundesgesetz über das Internationale Privatrecht, Lugano-Übereinkommen und weitere Erlasse

KREN KOSTKIEWICZ JOLANTA/RODRIGUEZ RODRIGO, Internationale Rechtshilfe in Zivilsachen – einschliesslich Übereinkommen zum Internationalen Kindesschutz

KREN KOSTKIEWICZ JOLANTA/RODRIGUEZ RODRIGO, Internationales Insolvenzrecht

MARKUS ALEXANDER R., Internationales Zivilprozessrecht

MEIER ISAAK, Internationales Zivilprozessrecht und Zwangsvollstreckungsrecht

SCHNYDER ANTON K., Das neue IPR-Gesetz

SCHNYDER ANTON K./GROLIMUND PASCAL/BOLLIGER FELIX, Tafeln zum Internationalen Privat- und Zivilverfahrensrecht

SCHNYDER ANTON K./JEGHER GION, Fälle zum Internationalen Privat- und Zivilverfahrensrecht – mit Lösungsvorschlägen und methodischen Hinweisen für die Bearbeitung internationaler Sachverhalte

SCHNYDER ANTON K./LIATOWITSCH MANUEL, Internationales Privat- und Zivilverfahrensrecht

SCHWANDER IVO, Einführung in das internationale Privatrecht – Erster Band: Allgemeiner Teil

SCHWANDER IVO, Einführung in das internationale Privatrecht – Zweiter Band: Besonderer Teil

SIEHR KURT, Das Internationale Privatrecht der Schweiz

SPÜHLER KARL/RODRIGUEZ RODRIGO, Internationales Zivilprozessrecht

TRUNINGER PHILIPP, Internationales Privatrecht, Grundkurs

VISCHER FRANK/HUBER LUCIUS/OSER DAVID, Internationales Vertragsrecht

WALTER GERHARD/DOMEJ TANJA, Internationales Zivilprozessrecht der Schweiz

Literatur Deutschland

GEIMER REINHOLD/SCHÜTZE ROLF A., Europäisches Zivilverfahrensrecht

HESS BURKHARD, Europäisches Zivilprozessrecht

JUNKER ABBO, Internationales Privatrecht

KEGEL GERHARD/SCHURIG KLAUS, Internationales Privatrecht

KINDLER PETER, Einführung in das neue IPR des Wirtschaftsverkehrs

KROPHOLLER JAN/VON HEIN JAN, Europäisches Zivilprozessrecht

KROPHOLLER JAN, Internationales Privatrecht, einschliesslich der Grundbegriffe des Internationalen Zivilverfahrensrechts

RAUSCHER THOMAS (Hrsg.), Europäisches Zivilprozess- und Kollisionsrecht

SCHACK HAIMO, Internationales Zivilverfahrensrecht

1. Teil: Einführung in das Internationale Privatrecht (IPR)

§ 1 Fragestellung, Gegenstand und Begriff

Jeder Staat hat sein eigenes Privatrecht. In der Schweiz gelten das Zivilgesetzbuch (ZGB), das Obligationenrecht (OR) sowie die Nebenerlasse zum Privatrecht (die immaterialgüterrechtlichen Erlasse, das Wettbewerbsrecht, das Versicherungsvertragsgesetz usw.). Im Ausland finden sich vergleichbare Regelungen, wobei Form, Wortlaut und Inhalt der Gesetzgebung vielfach *unterschiedlich* sind. Gleichermassen gestaltet sich die Rechtslage im Prozessrecht. Jeder Staat hat sein eigenes Zivilverfahrensrecht, mit dessen Hilfe er den privatrechtlichen Rechten und Pflichten zum Durchbruch verhilft.

Betrachtet man eine Weltkarte, ergibt sich somit ein *Mosaik von (Privat-)Rechtsordnungen,* das sich im Wesentlichen an den staatlichen Landesgrenzen ausrichtet. Diese Rechtswirklichkeit widerspiegelt nicht das reale Leben. *Privatrechtliche Beziehungen* orientieren sich vielfach *nicht an Landesgrenzen,* sondern überschreiten diese ohne Rücksicht auf die involvierten Rechtsordnungen. Ehen werden über die Grenze hinweg geschlossen und später wieder geschieden, Personen mit Vermögenswerten und Verwandten im Ausland versterben, Verträge werden über die Grenze hinweg geschlossen, Personen verunglücken auf Auslandsreisen usw.

Wollte man diese Sachverhalte auf die erwähnte Weltkarte aufzeichnen, *berührten* sie *mehrere Staaten* und entsprechend *mehrere Rechtsordnungen.* Alsdann stellt sich die Frage, nach welchem (Privat-)Recht sich die damit verbundenen Rechtsbeziehungen richten sollen. Kommt es zum Streit, ist weiter zu beantworten, welche Gerichte welchen Staates über diesen zu entscheiden haben. Ist schliesslich ein Urteil ergangen, bleibt zu prüfen, ob dieses in den übrigen Staaten anerkannt und nötigenfalls vollstreckt wird.

Entsprechend gestalten sich die drei *Grundfragen des Internationalen Privatrechts* (IPR):

- Welches Recht findet auf einen bestimmten Sachverhalt Anwendung?
- Welchen Staates Behörden sind zuständig, eine Entscheidung zu treffen?
- Werden im Ausland ergangene Entscheidungen im Inland *(in casu* in der Schweiz) anerkannt und vollstreckt?

Gegenstand des Internationalen Privatrechts bildet die Summe all jener Vorschriften, welche die aufgeführten Grundfragen des IPR normieren. Man spricht in diesem Zusammenhang auch vom *Internationalen Privatrecht i.w.S.* Davon abgegrenzt wird das *Internationale Privatrecht i.e.S.* Es steht für jene Vorschriften, mit denen das in der Sache anwendbare Recht bestimmt wird; es wird auch als Kollisions- oder Verweisungsrecht bezeichnet. Daneben findet sich der Begriff des *Internationalen Zivilprozessrechts* (IZPR). Er steht für die Bestimmungen über die internationale Zuständigkeit und die Anerkennung und Vollstreckung ausländischer Entscheidungen. Weiter gefasst ist der Begriff des *Internationalen Zivilverfahrensrechts* (IZVR). Er bezieht sich auf sämtliche Verfahrensvorschriften (z.B. Internationale Rechtshilfe, Internationale Schiedsgerichtsbarkeit, Internationales Insolvenzrecht), welche spezifisch in grenzüberschreitenden Sachverhalten Anwendung finden.

Sämtlichen aufgeführten Normen – IPR i.w.S., IPR i.e.S., IZPR, IZVR – ist eines gemein: Nicht die Vorschriften an sich, sondern die Sachverhalte, welche sie regeln, sind international. Internationales Privatrecht ist nicht (*per se*) internationales Recht, sondern (vorwiegend) nationales Recht, welches auf internationale Sachverhalte Anwendung finden soll.

§ 2 Rechtsquellen

1. IPRG

Internationales Privatrecht ist zunächst *nationales Recht.* In der Schweiz finden sich die einschlägigen Vorschriften im *Bundesgesetz über das Internationale Privatrecht* (IPRG; SR 291). Das IPRG stellt eine *umfassende Kodifikation* dar. Es regelt die Zuständigkeit der Schweizer Behörden, das anwendbare Recht und die Voraussetzungen der Anerkennung und Vollstreckung ausländischer Entscheidungen für *sämtliche Bereiche des Privatrechts*. Ausserhalb des IPRG finden sich nur wenige Vorschriften zum Internationalen Privatrecht, so etwa für Versicherungssachen in den Art. 101a–c Versicherungsvertragsgesetz (VVG; SR 221.229.1).

Das IPRG gliedert sich in einen *Allgemeinen Teil* (Art. 2–32) und in einen *Besonderen Teil* (Art. 33–165). Der BT folgt im Wesentlichen der Systematik des materiellen Privatrechts: Personenrecht, Familienrecht, Erbrecht usw. Innerhalb des jeweiligen Regelungsbereichs folgt das IPRG vielfach dem gleichen Aufbau: 1. Zuständigkeit, 2. Anwendbares Recht und 3. Anerkennung und Vollstreckung. Im hinteren Teil des IPRG finden sich die Bestimmungen über die Anerkennung ausländischer Konkursdekrete (Art. 166 ff.) und die Internationale Schiedsgerichtsbarkeit (Art. 176 ff.).

2. Staatsverträge und EU-Recht

a) Allgemeines

Punktuell ist das Internationale Privatrecht durch Staatsverträge vereinheitlicht. Staatsvertragliches IPR geht den Bestimmungen des IPRG vor (Art. 1 Abs. 2 IPRG). Im Rechtsalltag ist daher immer zuerst zu fragen, ob ein Staatsvertrag einschlägig ist.

Zentrale Quelle des staatsvertraglichen IPR bildet seit Mitte der 1950er Jahre die *Haager Konferenz für Internationales Privatrecht.* Inzwischen haben 79 Staaten und eine regionale Organisation, die EU, die Satzung der Haager Konferenz angenommen und sind deren Mitglied geworden. Die Haager Konferenz hat wichtige Staatsverträge hervorgebracht, namentlich im Bereich des Internationalen Kindesschutzes, des Internationalen Familienrechts, des Internationalen Handels- und Finanzrechts sowie der Internationalen Rechtshilfe in Zivil- und Handelssachen. Eine Übersicht über sämtliche Haager Übereinkommen findet sich auf der Website der Haager Konferenz: http://www.hcch.net. Dort finden sich auch weitere wertvolle Informationen zur Haager Konferenz, namentlich zum aktuellen Stand, was die Ratifikation einzelner Übereinkommen anbelangt, sowie zu künftigen Vorhaben der Rechtsvereinheitlichung.

Daneben hat sich seit dem Inkrafttreten des Vertrages von Amsterdam im Jahr 1999 die *EU* als eigentlicher Motor der Vereinheitlichung im Bereich des IPR hervorgetan. Nach Art. 81 des Vertrags über die Arbeitsweise der Europäischen Union (AEUV) kommt der EU die Kompetenz zu, das Internationale Privatrecht in umfassender Weise zu regeln. Von dieser Kompetenz hat die EU bereits ausgiebig Gebrauch gemacht. In den vergangenen 15 Jahren ist ein eigentliches Netz an EU-Verordnungen zum IPR entstanden. In deren Zentrum steht die *Verordnung (EU) Nr. 1215/2012 des Europäischen Parlaments und des Rates vom 12.12.2012 über die gerichtliche Zuständigkeit und die Anerkennung und Vollstreckung von Entscheidungen in Zivil- und Handelssachen (EuGVVO* bzw. *Brüssel Ia-VO).* Daneben bestehen bedeutsame Verordnungen in den Bereichen Eherecht inklusive elterliche Verantwortung, Unterhaltsrecht, Erbrecht und Insolvenzrecht. Überdies wurde das Kollisionsrecht für vertragliche und ausservertragliche Schuldverhältnisse in den so bezeichneten Rom I- und Rom II-Verordnungen vereinheitlicht. Weitere massgebliche Erlasse sind in Bearbeitung. Sie betreffen z.B. das Internationale Güterrecht.

Die Nicht-Mitgliedstaaten der EU sind von dieser Rechtsentwicklung grundsätzlich ausgeschlossen. Anders als in der Haager Konferenz geht es insoweit nicht um weltweite Vereinheitlichungsbemühungen, sondern um Harmonisierung im EU-Binnenmarkt zwecks Erleichterung der dort gewährten Freizügigkeiten (freier Warenverkehr, Personenverkehr, Dienstleistungshandel und Kapitalverkehr sowie Unionsbürgerschaft). Aussenpolitisch steht es der EU freilich offen, die im Inneren erreichte Vereinheitlichung mittels Staatsverträgen in die Welt zu tragen.

Erstes Beispiel hierfür bildet das *Übereinkommen über die gerichtliche Zuständigkeit und die Anerkennung und Vollstreckung von Entscheidungen in Zivil- und Handelssachen vom 30.10.2007 (Lugano-Übereinkommen* bzw. *LugÜ;* SR 0.275.12). Es dehnt die Vorschriften der EuGVVO (in der Fassung vom 22.12.2000) auf die verbliebenen EFTA-Staaten Schweiz, Island und Norwegen aus. Das LugÜ wurde in seiner ersten Fassung am 16.09.1988 in Lugano geschlossen. Es galt ursprünglich als Parallelübereinkommen zum innerhalb der EG bzw. EU geltenden Brüsseler Übereinkommen (EuGVÜ). Letzteres hat durch diverse Beitrittsübereinkommen sowie zuletzt durch die Vergemeinschaftung im Rahmen der EuGVVO weitreichende inhaltliche Änderungen erfahren. Mit der Revision des LugÜ vom 30.10.2007 wurden diese Änderungen in den LugÜ-Staaten nachvollzogen. Das LugÜ 2007 ist in der Schweiz am 01.01.2011 in Kraft getreten.

Die so wiederhergestellte Parallelität zum europäischen Recht ist zwischenzeitlich bereits wieder weggefallen. Die Revision der EuGVVO im Rahmen der Brüssel Ia-VO vom 12.12.2012 (vgl. oben) hat zahlreiche und wesentliche Neuerungen gebracht. Ob die LugÜ-Staaten diese (nochmals) übernehmen, erscheint derzeit unwahrscheinlich.

Zum Stand der Rechtsentwicklung in der EU vgl. Grolimund Pascal, Internationales Privat- und Zivilverfahrensrecht der Europäischen Union, *in a nutshell,* 2. Aufl., Zürich 2015, und Grolimund Pascal/ Mosimann Nicolas (Hrsg.), Internationales Privat- und Zivilverfahrensrecht der Europäischen Union, Textsammlung, 2. Aufl., Zürich 2015.

b) Typen

Begrifflich werden verschiedene Typen von Staatsverträgen unterschieden:

Man spricht von *bilateralen Staatsverträgen* oder *Abkommen,* wenn es einen Staatsvertrag betrifft, der einzig von zwei Staaten abgeschlossen wurde (vgl. z.B. das Abkommen zwischen der Schweiz und Italien über die Anerkennung und Vollstreckung gerichtlicher Entscheidungen; SR 0.276.194.541). Demgegenüber gelten als *multilaterale Staatsverträge* bzw. *Übereinkommen* Staatsverträge, denen mehr als zwei Vertragsparteien zugehören (vgl. z.B. das Übereinkommen über das auf die Form letztwilliger Verfügungen anzuwendende Recht; SR 0.211.312.1).

Weiter werden als *bedingte* oder *gegenseitige Staatsverträge* Erlasse bezeichnet, die primär auf Sachverhalte Anwendung finden, die sich im Gebiet der Vertragsstaaten zutragen (vgl. z.B. Art. 32 ff. LugÜ, die lediglich die Anerkennung und Vollstreckung von Entscheidungen zwischen den gebundenen Staaten regeln). Demgegenüber gibt es Staatsverträge, welche das IPR unbedingt vereinheitlichen (sog. *Erga-Omnes-Staatsverträge* bzw. *loi uniforme).* Sie finden auf *alle* internationalen Sachverhalte Anwendung, ohne dass es eines spezifischen Bezugs zu einem Vertragsstaat bedürfte, und verdrängen die nationale Regelung im IPRG insgesamt. Dem wird im IPRG zuweilen dadurch Rechnung getragen, dass an gegebener Stelle direkt auf die einschlägigen *Erga-Omnes*-Staatsverträge verwiesen wird (vgl. z.B. Art. 93 IPRG unter Hinweis auf das Haager Testamentsübereinkommen oder Art. 148c IPRG unter Hinweis auf das Haager Trust-Übereinkommen).

Unterschieden wird sodann zwischen *Conventions Simples, Conventions Doubles* und *Conventions Triples.* Erste bezeichnen einen Staatsvertrag, der nur eine der einleitend aufgeführten Fragestellungen des IPR behandelt (z.B. die Anerkennung und Vollstreckung von Entscheidungen), während Zweite sich mit zwei (vgl. das LugÜ) und Dritte sich mit allen drei Grundfragen des IPR befassen (vgl. das Haager Übereinkommen über die Zuständigkeit, das anzuwendende Recht, die Anerkennung, die Vollstreckung und die Zusammenarbeit auf dem Gebiet der ehelichen Verantwortung und der Massnahmen zum Schutz von Kindern; SR 0.211.231.011).

Schliesslich sind Staatsverträge, welche Regelungen zum *IPR i.w.S.* enthalten, von solchen, die direkt das *materielle Recht* für internationale Sachverhalte vereinheitlichen, abzugrenzen. Ein Beispiel für Letztere bildet das Übereinkommen der Vereinten Nationen über den Internationalen Warenkauf (CISG; SR 0.221.211.1).

c) Prüfung der Anwendbarkeit

Staatsverträge gehen dem IPRG vor (Art. 1 Abs. 2 IPRG). Entsprechend ist im Einzelfall zu prüfen, ob ein Staatsvertrag anwendbar ist. Dazu sind folgende drei Fragen zu beantworten:

1. Ist der Staatsvertrag in *sachlicher Hinsicht* anwendbar?
   Bsp.: Handelt es sich um eine Zivil- und Handelssache i.S.v. Art. 1 LugÜ? Betrifft es einen Anspruch aus Strassenverkehrsunfall i.S.v. Art. 1 des Haager Strassenverkehrsübereinkommens?
2. Ist der Staatsvertrag in *räumlich-persönlicher Hinsicht* anwendbar?
   Bsp.: Wohnt der Beklagte i.S.v. Art. 2 Abs. 1 LugÜ in einem gebundenen Staat? Handelt es sich um eine Entscheidung aus einem anderen gebundenen Staat (Art. 32 LugÜ)?
3. Ist der Staatsvertrag in *zeitlicher Hinsicht* anwendbar?
   Bsp.: Findet auf den Sachverhalt das alte LugÜ von 1988 oder das neue LugÜ von 2007 Anwendung (vgl. Art. 63 des LugÜ 2007)?

Sind alle drei Fragen zu bejahen und ist (damit) im Einzelfall ein Staatsvertrag anwendbar, verdrängt er die Regelung im IPRG. Die

Zuständigkeit der Schweizer Gerichte bestimmt sich dann z.B. nach Art. 5 Ziff. 1 LugÜ und nicht nach Art. 113 IPRG.

Ausnahmsweise gilt gleichwohl die Regelung im IPRG, soweit nämlich das *Günstigkeitsprinzip* Anwendung findet. Dies trifft namentlich im Hinblick auf die älteren bilateralen Vollstreckungsabkommen zu. Diese wollten zu ihrer Zeit die grenzüberschreitende Anerkennung und Vollstreckung von Entscheidungen vereinfachen. Inzwischen sind die Abkommen aber inhaltlich teilweise überholt und die Regelung im IPRG günstiger. Gemäss Sinn und Zweck der Abkommen ist alsdann davon auszugehen, dass eine für die Anerkennung und Vollstreckung günstigere Regelung im IPRG nicht verhindert werden soll.

Daneben folgen zahlreiche Staatsverträge dem *Garantieprinzip.* Hier besteht kein Raum für anderweitiges nationales IPR, selbst wenn es im Einzelfall günstiger erscheinen mag. Erstes Beispiel hierfür ist das Lugano-Übereinkommen.

§ 3 Funktionsweise

1. Internationaler Sachverhalt

Die Fragen des Internationalen Privatrechts stellen sich sachlogisch nur in internationalen Sachverhalten. In Binnensachverhalten, d.h. bei Fehlen eines Auslandsbezugs, gelten unmittelbar die Schweizer ZPO und das Schweizer Privatrecht. Erst wenn ein Sachverhalt über die Grenze hinausragt, bedarf es der Abgrenzung der betroffenen Rechtsordnungen und Jurisdiktionen.

Genau genommen gibt es heute freilich kaum mehr Sachverhalte, die keinen Auslandsbezug aufweisen. Wer anlässlich der Herbstmesse in Basel an einem Stand eine Wurst kauft, erwirbt diese nicht selten von einem im Ausland ansässigen Anbieter, schliesst einen Vertrag mit einem Verkäufer mit ausländischer Staatsangehörigkeit oder erwirbt ein Produkt, dessen Herkunft Südamerika ist. Im Haftpflichtprozess gegen den Verursacher eines Strassenverkehrsunfalls haben Lenker und/oder Halter des Fahrzeugs nicht selten Wohnsitz im Ausland oder sind ausländische Staatsangehörige, ist das Fahrzeug im Ausland zugelassen oder handelt es sich um einen im Ausland produzierten Fahrzeugtyp.

Es ist offensichtlich, dass nicht jeder der aufgeführten Auslandsbezüge Internationalität i.S. des IPR begründen kann. Andernfalls wäre praktisch jeder Sachverhalt ein internationaler. Die Zuständigkeitsvorschriften der ZPO etwa wären bar jeder Bedeutung. Voraussetzung muss vielmehr das Vorliegen eines irgendwie *wesentlichen,* d.h. nicht untergeordneten, *Auslandsbezugs* sein. Wesentlich ist alsdann gleichbedeutend mit rechtlich relevant. Letzteres wird – gleichsam zirkulär – bejaht, wenn der Sachverhalt einen Bezug zum Ausland aufweist, der im *betroffenen Rechtsgebiet* für die *Bestimmung der Zuständigkeit und/oder des anwendbaren Rechts* von Relevanz erscheint. So stellen Staatsangehörigkeit und Herkunft des Produktes im Vertragsrecht keine wesentlichen Auslandsbezüge dar, weil in den Art. 112 ff. IPRG weder die Zuständigkeit noch das anwendbare Recht an diese Merkmale anknüpfen. Demgegenüber begründet der ausländische Wohnsitz Internationalität, da der Wohnsitz nach Art. 112 IPRG z.B. zuständigkeitsbegründend ist. Ebenfalls ist der Auslandswohnsitz im Deliktsrecht von Relevanz (vgl. z.B. Art. 129 IPRG) bzw. schafft die ausländische Staatsangehörigkeit keinen wesentlichen Auslandsbezug. Demgegenüber könnte die Herkunft des Produktes von Bedeutung sein, wenn es um Ansprüche aus Produkthaftpflicht geht (Art. 135 IPRG), usw.

Gemäss BGer ist die Internationalität in jedem Fall zu bejahen, wenn am Sachverhalt Parteien mit Wohnsitz/Sitz in unterschiedlichen Staaten beteiligt sind (BGE 131 III 76). Nach einer Faustregel soll die Internationalität sodann im *Zweifelsfall* bejaht werden. Dem kann im Hinblick auf das Kollisionsrecht zugestimmt werden. Bei einem nur marginalen Auslandsbezug wird aufgrund der Zielsetzung des Kollisionsrechts – Anknüpfung an das Recht mit dem engsten Zusammenhang zum Sachverhalt (dazu unten S. 15 f.) – gleichwohl das inländische materielle Recht berufen. Mit Bezug auf die Zuständigkeit ist eine Zweifelsfallregel dagegen abzulehnen. Ob sich die Zuständigkeit nach ZPO oder IPRG/LugÜ richtet, hat sich abschliessend und voraussehbar nach den gesetzlichen Vorschriften zu bestimmen. Eine auf Ermessen beruhende Zweifelsfallregel für den Einzelfall birgt insoweit zu viel Rechtsunsicherheit in sich.

Nach wie vor umstritten ist die Frage, ob in einem Binnensachverhalt die Zuständigkeit eines ausländischen Gerichts oder die Anwendung eines ausländischen Rechts vereinbart werden kann. Die einschlägigen Vorschriften (Art. 5 IPRG, Art. 116 IPRG) setzen im Grunde einen internationalen Sachverhalt und mithin die Anwendung des IPR-Gesetzes voraus (Art. 1 Abs. 1 IPRG). Zugleich begründet der Parteiwille indes in zahlreichen Rechtsgebieten – so insbesondere im Internationalen Vertragsrecht – ein relevantes Anknüpfungsmerkmal. Aus Gründen der Parteiautonomie sollte daher u.E. auch in Binnensachverhalten ein ausländisches Gericht und/oder ein ausländisches Recht gewählt werden können.

2. Ausgangspunkt: Fixierung der Zuständigkeit

Von den drei Grundfragen des IPR ist an erster Stelle jene nach der Zuständigkeit zu beantworten. *Jeder Staat hat sein IPR; IPR ist im Ausgangspunkt nationales Recht.* Daraus folgt, dass die Behörden eines jeden Staates ihre eigenen Kollisionsnormen heranziehen, um das auf einen Sachverhalt anwendbare Recht festzulegen. Diese Kollisionsnormen können von Staat zu Staat verschieden sein: In Staat A gilt das Erbrecht am letzten Wohnsitz des Erblassers, in Staat B gilt das Heimatrecht des Erblassers; in Staat A untersteht das Delikt dem Recht am Handlungsort, in Staat B untersteht das Delikt dem Recht am Erfolgsort usw.

Entsprechend muss vorab feststehen, welcher Staat sich mit dem Sachverhalt befasst. Danach sind dessen Kollisionsnormen zu konsultieren, anhand deren das auf den Sachverhalt anwendbare materielle Recht bestimmt werden kann. Wird die Zuständigkeit mehrerer Staaten eröffnet, muss gegebenenfalls in Alternativen gedacht werden, d.h., es sind das Kollisions- und das materielle Recht mehrerer Staaten in Betracht zu ziehen. Dies ermöglicht der klagenden Partei ein gewisses Rosinenpicken, das auch als *Forum shopping* und *Forum running* bezeichnet wird (vgl. S. 120).

Die Zuständigkeit der Schweizer Behörden ist in Staatsverträgen und im IPRG geregelt. Letzteres sieht im Besonderen Teil spezifische Zuständigkeiten für die jeweiligen Rechtsgebiete vor (z.B. Art. 86 ff. für das Erbrecht, Art. 112 ff. für Verträge, Art. 129 f. für Delikte). Daneben sind im Allgemeinen Teil des IPRG (Art. 2–10) Zuständigkeiten vorgesehen, die in allen oder zumindest in mehreren Rechtsgebieten zum Tragen kommen (z.B. Art. 5 Gerichtsstandsvereinbarung, Art. 8 Widerklage). In praktischer Hinsicht sind zuerst die für das in Frage stehende Rechtsgebiet spezifisch geltenden Zuständigkeiten zu eruieren. Diese sind durch die möglichen Gerichtsstände des AT zu ergänzen.

3. Anwendbares Recht

Moderne Rechtsordnungen bestimmen das in der Sache anwendbare materielle Recht (auch *lex causae* genannt) durch *Kollisionsnormen.* Vor dem Hintergrund des materiellen Rechts werden einzelne Fragekomplexe zu einem sog. *Verweisungsbegriff* zusammengefasst. Die jeweiligen Fragekomplexe werden sodann mit gesetzlich vordefinierten Bezugspunkten verbunden *(Anknüpfungsbegriffe)* und damit einer spezifischen materiellen Rechtsordnung (*lex causae*) zugewiesen.

Beispiele: Fragen des Nachlasses (Verweisungsbegriff) werden an den letzten Wohnsitz des Erblassers (Anknüpfungsbegriff) angeknüpft und unterstehen dem dort geltenden materiellen Recht *(lex causae)*; Fragen betreffend dingliche Rechte an Grundstücken (Verweisungsbegriff) werden an den Lageort des Grundstücks (Anknüpfungsbegriff) angeknüpft und unterstehen dem dort geltenden Recht *(lex causae)*; Fragen aus Arbeitsvertrag (Verweisungsbegriff) werden an den gewöhnlichen Arbeitsort des Arbeitnehmers (Anknüpfungsbegriff) angeknüpft und unterstehen dem dort geltenden Recht *(lex causae)* usw.

In praxi sind in einem ersten Schritt die einschlägigen Kollisionsnormen aufzusuchen. Diese sind im Besonderen Teil des IPRG oder in einem Staatsvertrag enthalten. Aus ihnen folgt die Verweisung auf ein bestimmtes Recht. In einem zweiten Schritt gilt es dann, diese Verweisung anhand der allgemeinen Prinzipien des IPR, wie sie in den Art. 13 ff. IPRG festgehalten werden, zu überprüfen und zu bestätigen. Diese Prüfung umfasst im Wesentlichen folgende Punkte:

1. Erfolgt die Verweisung unter Ein- oder Ausschluss des Kollisionsrechts der berufenen Rechtsordnung (*Sachnorm-* oder *Gesamtverweisung*, Art. 14 IPRG; vgl. S. 160 ff.)?
2. Ist eine Korrektur der Verweisung gestützt auf die *Ausnahmeklausel* von Art. 15 IPRG angezeigt, weil die Verweisung gemäss BT zu einer Rechtsordnung führt, die ganz offensichtlich nur wenig Bezug zum Sachverhalt aufweist (vgl. S. 163 ff.)?
3. Ist eine *Eingriffsnorm* (einer anderen Rechtsordnung) zu beachten, d.h. eine Vorschrift des materiellen Rechts, die aufgrund ihrer besonderen Bedeutung und Tragweite auch in internationalen Sachverhalten zur Anwendung gelangen will und der Verweisung nach IPRG BT vorgeht (Art. 18 f. IPRG; vgl. S. 165 ff.)?
4. Im Anschluss an die Ermittlung und Anwendung des massgeblichen (ausländischen) materiellen Rechts (Art. 16, Art. 13

IPRG): Liegt im konkreten Einzelfall ein Ergebnis vor, das mit dem Schweizer *Ordre public* in Einklang steht (Art. 17 IPRG; vgl. S. 167 f.)?

Erfolgt die Verweisung gestützt auf einen Staatsvertrag, finden (auch) die allgemeinen Bestimmungen des IPRG keine Anwendung (Art. 1 Abs. 2 IPRG), es sei denn, der Staatsvertrag weise eine Lücke auf.

4. Anerkennung und Vollstreckung ausländischer Entscheidungen

Für die tatsächliche Rechtsdurchsetzung ist es gegebenenfalls erforderlich, dass eine in Staat A getroffene Entscheidung in anderen Staaten anerkannt bzw. vollstreckt wird. Diesbezüglich besteht kein (gewohnheitsrechtlicher) Anerkennungsautomatismus. Vielmehr entscheidet jeder Staat nach seinem Recht, unter welchen Voraussetzungen und in welchen Verfahren er ausländische Entscheidungen im Inland anerkennt bzw. vollstreckt. Für die Einzelheiten vgl. S. 170 ff.

Zu einer umfassenden Rechtsplanung bzw. Prozessvorbereitung gehören daher auch Erwägungen zur Rechtsdurchsetzung. Die Möglichkeit, die Zuständigkeit zu wählen und mit ihr Einfluss zu nehmen auf das einschlägige Kollisions- und materielle Recht, bleibt ohne praktischen Nutzen, wenn die daraus hervorgehende Entscheidung später nicht vollstreckt werden kann.

§ 4 Zentrale Anknüpfungsbegriffe

1. Grundlagen

a) Funktion von Anknüpfungsbegriffen

Sowohl das Zuständigkeits- als auch das Kollisionsrecht bedienen sich spezifischer Anknüpfungsbegriffe (auch Anknüpfungsmerkmale oder -punkte). Sie *verknüpfen einen Rechtsstreit mit einer Jurisdiktion bzw. eine Rechtsfrage mit einer materiellen Rechtsordnung*. Beispiele sind der Wohnsitz, der gewöhnliche Aufenthalt, die Staatsangehörigkeit, die berufliche Niederlassung, der Belegenheitsort, der Ort der Registrierung, der Erfüllungsort, der Deliktsort usw. Angeknüpft wird auch an den Parteiwillen: Gerichtsstandsvereinbarung, Rechtswahl. Entsprechend sind z.B. die Gerichte am Wohnsitz des Beklagten zuständig oder jene am Ort der belegenen Sache bzw. es findet das Recht am letzten Wohnsitz des Erblassers oder jenes am Deliktsort Anwendung.

b) Massgebliche Interessen

Bei der Wahl des massgeblichen Anknüpfungsbegriffs verfolgt der Gesetzgeber spezifische Interessen, welche im Zuständigkeitsrecht indes *anders* gelagert sind als im Kollisionsrecht.

aa) Im Zuständigkeitsrecht

Ausgangspunkt der Zuständigkeit bildet der Grundsatz *actor sequitur forum rei* (Zuständigkeit der Gerichte am Wohnsitz des Beklagten): Der *Beklagte* soll *Schutz* erfahren. Er ist (daher) an seinem Wohnsitz zu belangen. Moderne Prozessgesetze schützen daneben aber auch vermehrt die *Klägerinteressen*. Sie stellen dem Kläger alternative Gerichtsstände zur Verfügung, welche zum einen auf dem Prinzip der *Sachnähe* beruhen. Entsprechend wird Gerichtszugang dort eröffnet, wo typischerweise ein enger Bezug zur Streitsache (und damit z.B. zu den Beweismitteln) vorliegt. Damit rechtfertigen sich etwa die Zuständigkeit am vertraglichen Erfüllungsort oder jene am Deliktsort. Zum anderen vermag das Interesse an der *Prozessökonomie* eine Zuständigkeit zu rechtfertigen. Darauf beruhen z.B. die Zuständigkeit der Widerklage oder jene der passiven Streitgenossenschaft. Drittens können *staatliche Interessen* Grundlage für eine Zuständigkeit sein. Souveränitätsinteressen sowie das Interesse an einer ordnungsgemässen Registerführung bilden namentlich den Hintergrund für die alleinige Zuständigkeit des Lagestaates für bestimmte grundstücksbezogene Streitigkeiten bzw. des Registerstaates für spezifische gesellschafts-, immaterialgüter- sowie insolvenzrechtliche Streitgegenstände (vgl. z.B. Art. 22 LugÜ). Nicht zuletzt kommt auch dem *Interesse der Rechtsklarheit bzw. Voraussehbarkeit* eine nicht unbedeutende Rolle zu. Zuständigkeiten sollen möglichst einfach ermittelt werden können, damit nicht schon jahrelanger Rechtsstreit darüber entsteht, welche Gerichte über einen Streitfall zu entscheiden haben. Entsprechend sollte das Prozessrecht möglichst auf eigenständige, autonome Begriffsbildungen abstellen und komplexe Bezugnahmen auf das materielle Recht vermeiden. Der Rechtsklarheit dient auch die Möglichkeit der parteiautonomen Zuständigkeitsbestimmung mittels Gerichtsstandsvereinbarung.

bb) Im Kollisionsrecht

Bei der Wahl des Anknüpfungsbegriffs im Kollisionsrecht stehen andere Interessen im Vordergrund. Hier versucht der Gesetzgeber dasjenige Merkmal zu wählen, das *typisiert* Gewähr dafür bietet, dass das *Recht mit dem engsten Bezug zum Sachverhalt* zur Anwendung gelangt. Diese Zielsetzung geht zurück auf die Lehre von Friedrich Carl von Savigny, der Mitte des 19. Jh. eine grundlegende Änderung der international-privatrechtlichen Fragestellung propagierte. Wurde bis dahin der Anwendungsbereich einzelner Gesetze definiert, sollte neu der Sachverhalt als Ausgangspunkt des IPR gelten. Dieser wurde mittels einer Sitz- oder Schwerpunktbestimmung einem nationalen Recht zugewiesen. Ein Rechtsverhältnis soll danach dem Recht des Staates unterstehen, in dem es seinen Sitz bzw. Schwerpunkt hat. Diese Suche nach der engsten Verbindung zwischen Sachverhalt und Recht wird regelmässig auch als Streben nach *kollisionsrechtlicher Gerechtigkeit* bezeichnet. Letztere ist abzugrenzen von der *materiell-rechtlichen Gerechtigkeit,* d.h. von der sachgerechten Regelung im materiellen Recht.

Das Kollisionsrecht strebt idealtypisch einzig nach kollisionsrechtlicher Gerechtigkeit. Die materiell-rechtliche Gerechtigkeit, d.h. die Frage, ob das berufene materielle Recht eine gerechte Anordnung von Rechten und Pflichten unter den Parteien vorsieht, soll ohne Einfluss auf die Verweisung bleiben. Grenze bildet der schon erwähnte *Ordre public,* d.h. die zentralen Grundvorstellungen der Schweizer Rechtsordnung.

Das Streben nach kollisionsrechtlicher Gerechtigkeit kommt im IPRG an mehreren Stellen zum Ausdruck. Die Ausnahmeklausel von Art. 15 IPRG erlaubt etwa eine Korrektur der eigentlich massgeblichen Verweisung zugunsten des in der Sache engstverbundenen Rechts. Nach Art. 48 Abs. 2 IPRG unterstehen die ehelichen Rechte und Pflichten subsidiär dem Recht des Wohnsitzstaates, mit dem der Sachverhalt in engerem Zusammenhang steht. Bei Fehlen einer Rechtswahl findet gemäss Art. 117 Abs. 1 IPRG das Recht des Staates Anwendung, mit dem der Vertrag am engsten zusammenhängt. Diese Beispiele sind Ausdruck des Gesamtkonzepts. Der IPR-Gesetzgeber ist generell bestrebt, den Anknüpfungsbegriff vorzusehen, der typischerweise den engsten Bezug zwischen Sachverhalt und Recht herstellt.

c) Auslegung von Anknüpfungsbegriffen

Der jeweils massgebliche Anknüpfungsbegriff ist der einschlägigen Zuständigkeits- bzw. Kollisionsnorm zu entnehmen. Diese sagt, ob an den Parteiwillen, den Wohnsitz, den Lageort, den Deliktsort usw. angeknüpft wird. Die Auslegung des Anknüpfungsbegriffes selbst – wie werden der Lageort, der Erfüllungsort, der Deliktsort usw. bestimmt? – hat vor dem Hintergrund der konkreten Zuständigkeits- bzw. Verweisungsnorm (Art. 97, Art. 113, Art. 133 Abs. 2 IPRG usw.) zu erfolgen. Für einzelne Anknüpfungsbegriffe, die im IPRG oft Verwendung finden, hat der IPR-Gesetzgeber demgegenüber vor die Klammer gezogen eine *ausdrückliche Begriffsdefinition* vorgesehen. Danach werden in den Art. 20–24 IPRG der Wohnsitz, der gewöhnliche Aufenthalt, die Niederlassung, der Sitz von Gesellschaften sowie die Staatsangehörigkeit vom Gesetzgeber näher umschrieben.

2. Art. 20–24 IPRG im Besonderen

a) Wohnsitz

Nach Art. 20 Abs. 1 lit. a IPRG hat eine natürliche Person ihren Wohnsitz in dem Staat, in dem sie sich mit der *Absicht dauernden Verbleibs* aufhält. Die Wohnsitzdefinition stimmt damit im Kern mit derjenigen im ZGB überein: Abgestellt wird auf den *Lebensmittelpunkt* einer Person, der im Einzelfall anhand von objektiven und subjektiven Kriterien festzustellen ist. Im Übrigen erfolgt die Wohnsitzumschreibung im IPRG aber autonom und unabhängig vom ZGB. Art. 20 Abs. 2 IPRG *in fine* hält dies ausdrücklich fest. Im Weiteren werden dort zwei zentrale Aussagen getroffen: 1. Für die Zwecke des IPRG kann niemand an mehreren Orten zugleich Wohnsitz haben. 2. Hat eine Person an keinem Ort, d.h. auch nicht im Ausland, einen Wohnsitz, so tritt der gewöhnliche Aufenthalt an die Stelle des Wohnsitzes.

b) Gewöhnlicher Aufenthalt

Der gewöhnliche Aufenthalt einer natürlichen Person begründet sich durch die *Tatsache des längeren Verbleibs an einem Ort,* selbst wenn der Zeitraum von vornherein befristet ist (Art. 20 Abs. 1 lit. b IPRG). Abgestellt wird auf ein objektives Kriterium. Die subjektive Absicht des Verbleibs ist unerheblich. Wie lange die Zeitdauer des Verbleibs sein muss, damit daraus ein gewöhnlicher Aufenthalt wird, steht nicht fest und ist je nach Verweisungsnorm gegebenenfalls unterschiedlich zu beantworten. In der Lehre wird von einem Aufenthalt von wenigstens *drei bis sechs Monaten* gesprochen. Das kürzere Verweilen in einem Staat wird als *schlichter Aufenthalt* bezeichnet.

c) Sitz

Bei Gesellschaften gilt der Sitz als Wohnsitz (Art. 21 Abs. 1 IPRG). Als solcher gilt der in den *Statuten oder im Gesellschaftsvertrag bezeichnete Ort.* Bei den im Handelsregister eingetragenen Gesellschaften kann der Sitz dem jeweiligen Eintrag entnommen werden. Fehlt eine solche Bezeichnung, was namentlich bei nichteintragungspflichtigen, loseren Gesellschaftsformen der Fall sein kann, gilt als Sitz der Ort, an dem die Gesellschaft tatsächlich verwaltet wird (Art. 21 Abs. 2 IPRG).

Ein *Trust* hat seinen Sitz an dem in den Bestimmungen des Trusts schriftlich oder in anderer Form nachweisbar bezeichneten Ort der Verwaltung. Fehlt eine solche Bezeichnung, gilt als Sitz der tatsächliche Ort seiner Verwaltung (Art. 21 Abs. 3 IPRG).

d) Niederlassung

Als Niederlassung wird der Ort bezeichnet, an dem *von aussen sichtbar mittels einer festen Einrichtung der beruflichen Tätigkeit nachgegangen wird.* Klassische Beispiele sind Geschäftslokale, Büroräumlichkeiten, Filialen usw. Keine Niederlassung begründen bloss vorübergehende Markt- und Messestände, schlichte Lagerhallen, Fuhrparks usw. Die Niederlassung ist eine *berufliche Aussenstelle ohne eigene Rechtspersönlichkeit.* Sowohl natürliche Personen (selbständig Erwerbende) als auch Gesellschaften und Trusts können über eine Niederlassung verfügen (vgl. Art. 20 Abs. 1 lit. c und Art. 21 Abs. 4 IPRG). Nach letztgenannter Vorschrift gilt auch der Sitz als Niederlassung. Der Niederlassungsbegriff gemäss IPRG ist eher weit gefasst. Es bedarf namentlich keiner Eintragung in einem Register.

e) Staatsangehörigkeit

Nach Art. 22 IPRG bestimmt sich die Staatsangehörigkeit einer natürlichen Person nach dem Recht des Staates, zu dem die Staatsangehörigkeit in Frage steht. Behauptet also jemand, er sei Schweizer, beurteilt sich nach Schweizer Recht, ob dies zutrifft. Bei *Mehrfachstaatsangehörigkeit* ist Art. 23 IPRG einschlägig. Danach ist wie folgt zu unterscheiden:

Knüpft die *Zuständigkeit* an die (Schweizer) Staatsangehörigkeit an (z.B. Art. 43, Art. 47, Art. 60 IPRG), reicht es aus, dass die betreffende Person auch Schweizer Staatsangehörige ist (Art. 23 Abs. 1 IPRG).

Knüpft das *Kollisionsrecht* an die Staatsangehörigkeit an, wird auf die *effektive Staatsangehörigkeit* abgestellt, d.h. auf das Heimatrecht, zu dem der engste Bezug besteht (Art. 23 Abs. 2 IPRG).

Bildet die Staatsangehörigkeit schliesslich Voraussetzung für die *Anerkennung und Vollstreckung*, so ist bei Mehrfachstaatsangehörigen jede ihrer Staatsangehörigkeiten zu beachten (Art. 23 Abs. 3 IPRG).

Für Fragen der *Staatenlosigkeit* sowie des *Flüchtlingsstatus* vgl. Art. 24 IPRG.

§ 5 Vorgehen bei der Fallbearbeitung – Gliederung dieser Nutshell

Ausgehend von den bisherigen Ausführungen empfiehlt sich bei der Fallbearbeitung im IPR die Einhaltung des folgenden Schemas:

1. *Fallfrage: Wer will was von wem woraus?*
   Durch die Beantwortung der Fallfrage wird ein Überblick über Sachverhalt und Rechtsfragen gewonnen. Sodann wird der relevante Rechtsbereich eingegrenzt.
2. *Liegt ein internationaler Sachverhalt vor?*
   Die Eingrenzung des relevanten Rechtsbereichs verdeutlicht die massgeblichen Anknüpfungsbegriffe und erlaubt die Beantwortung der Frage, ob der Sachverhalt wesentliche Auslandsbezüge aufweist. Nur wenn dies der Fall ist, eröffnen sich die Fragestellungen des IPR.
3. *Welches sind die* in casu *IPR-relevanten Fragestellungen?*
   Welche Fragestellungen des IPR ergeben sich im konkreten Sachverhalt: Zuständigkeit, anwendbares Recht, Anerkennung und Vollstreckung ausländischer Entscheidungen?
4. *Zuständigkeit*
   Sofern sie nicht bereits feststehen, ist sachlogisch zuerst nach den zuständigen Behörden zu fragen. Jedes Gericht wendet sein eigenes Kollisionsrecht an. Entsprechend hängt alles Weitere davon ab, welchen Staates Behörden sich mit dem Sachverhalt befassen werden.
   a) *Ist ein Staatsvertrag einschlägig?*
      Vgl. den Vorrang des Staatsvertragsrechts nach Art. 1 Abs. 2 IPRG; Prüfung des sachlichen, räumlich-persönlichen und zeitlichen Anwendungsbereichs der in Betracht kommenden Staatsverträge.
   b) *Wie ist die Zuständigkeit im konkreten Rechtsgebiet geregelt?*
      Z.B. für Verträge, für Delikte, für sachenrechtliche Ansprüche usw.
   c) *Welche weiteren (insbes. im AT geregelten) Zuständigkeiten werden eröffnet?*
      Zulässigkeit von Gerichtsstandsvereinbarungen, Gerichtsstände des Sachzusammenhangs usw.

d) Soweit Gerichtszugang in mehreren Staaten eröffnet wird: *Was sind die Vor- und Nachteile der jeweiligen Zuständigkeit?* Stichwort Forum shopping und Forum running.

e) *Sonderfragen des Zuständigkeitsrechts*
Vorsorgliche Massnahmen, Rechtshängigkeit u.a. Vgl. dazu nachfolgend S. 138 ff.

5. *Anwendbares Recht*
Steht die Zuständigkeit der Behörden eines bestimmten Staates fest, kann das in der Sache anwendbare materielle Recht ermittelt werden.

a) *Ist ein Staatsvertrag einschlägig?*

b) *Welches ist die bzw. sind die einschlägige(n) Kollisionsnorm(en)?* Dafür ist der Sachverhalt unter die im betreffenden Rechtsgebiet geltenden Verweisungsbegriffe zu subsumieren.

c) *Welches ist der massgebliche Anknüpfungsbegriff?* Allenfalls Auslegung des Anknüpfungsbegriffs wie Wohnsitz, Niederlassung usw.

d) *Ergebnis: Die massgebliche Rechtsordnung steht fest.*

e) *Sonderfrage: Handelt es sich um eine Verweisung auf materielles Recht oder umfasst die Verweisung auch das Kollisionsrecht?* Gegebenenfalls Folgefragen der Weiterverweisung und der Rückverweisung.

f) *Korrektur 1: Ausnahmeklausel*
Bestehen Anzeichen dafür, dass offensichtlich nicht das engstverbundene Recht aufgefunden wurde? Wenn ja, Prüfung einer allfälligen Korrektur über die Ausnahmeklausel.

g) *Korrektur 2: Eingriffsnormen*
Sind besondere Normen des materiellen Rechts einer nichtberufenen Rechtsordnung ersichtlich, welche im konkreten Sachverhalt unabhängig von der kollisionsrechtlichen Verweisung zur Anwendung gelangen wollen? Wenn ja, Prüfung der Voraussetzungen der Beachtung von Eingriffsnormen.

h) *Ermittlung des Inhalts des anwendbaren Rechts*
Vgl. Art. 16 IPRG.

i) *Anwendung des ausländischen Rechts*
Vgl. Art. 13 IPRG.

j) *Korrektur 3: Ordre public*
Bestehen Anzeichen dafür, dass die Anwendung des ausländischen Rechts im konkreten Einzelfall zu einem Ergebnis führt, das den zentralen Grundvorstellungen der schweizerischen Rechtsordnung entgegensteht? Falls ja, Prüfung einer Korrektur aus Gründen des *Ordre public.*

6. *Anerkennung und Vollstreckung ausländischer Entscheidungen*
Soll eine Entscheidung in einem anderen Staat (*in casu* in der Schweiz) Wirkungen entfalten, sind die Voraussetzungen der Anerkennung und Vollstreckung zu prüfen.

a) *Ist ein Staatsvertrag einschlägig?*

b) *Sind die Voraussetzungen der Anerkennung und Vollstreckung erfüllt?*
aa) Liegt eine Entscheidung im Rechtssinn vor?
bb) Ist die Entscheidung rechtskräftig/vollstreckbar?
cc) Ist die indirekte Zuständigkeit gegeben?
dd) Liegen Verweigerungsgründe vor (materieller *Ordre public,* formeller *Ordre public, res iudicata* und Rechtshängigkeit)?

c) *In welchem Verfahren erfolgt die Anerkennung bzw. Vollstreckung?*

Der soeben aufgeführte gedankliche Ablauf einer praktischen Fallbearbeitung macht namentlich Folgendes deutlich: Der Einstieg ins Internationale Privatrecht erfolgt *in praxi* regelmässig in den Normen des betroffenen Rechtsgebietes. Erst in einem zweiten Schritt werden die allgemeinen Lehren herangezogen, insbes. zur Ergänzung und inhaltlichen Überprüfung der bis dahin erlangten Ergebnisse. Dieser Logik folgt der *Aufbau dieses IPR in a nutshell.* Vorab werden die einzelnen besonderen Rechtsgebiete dargestellt. Erst danach folgen die Ausführungen zu den allgemeinen Lehren des Internationalen Privatrechts.

§ 6 Hilfsmittel

Im Internationalen Privatrecht liegt die *Rechtswirklichkeit* relativ *nahe am Wortlaut* der einschlägigen Erlasse. Das Beiziehen und die Lektüre der Erlasse erscheinen daher unabdingbare Voraussetzung für eine erfolgreiche Problembewältigung. Die aus Schweizer Sicht wesentlichen Rechtsvorschriften sind etwa in folgenden Sammlungen zusammengefasst:

- Bucher Andreas (Hrsg.), Internationales Privatrecht, 9. Aufl., Basel 2014
- Kren Kostkiewicz Jolanta (Hrsg.), IPRG/LugÜ Textausgabe, Zürich 2009

2. Teil: Besondere Rechtsgebiete

§ 1 Schuldrecht (Obligationenrecht)

1. Vertrag

a) Grundlagen

Das IPR der Verträge ist im *Kern* in *Art. 112–126 IPRG* geregelt. Weiter zu beachten sind die gemeinsamen Bestimmungen für sämtliche schuldrechtlichen Verhältnisse in Art. 143 ff. IPRG (z.B. Zession, Subrogation, Währung, Erlöschen von Forderungen). Für einzelne Fragestellungen – z.B. die Handlungsfähigkeit (Art. 35 f. IPRG) – sind sodann Sonderanknüpfungen ausserhalb des Abschnitts über die Verträge zu beachten. Hinzu treten schliesslich die Vorschriften des AT (Art. 2 ff., Art. 13 ff. und Art. 25 ff. IPRG).

Auf einzelne Vertragsverhältnisse finden daneben *staatsvertragliche Regelungen* Anwendung. Zu nennen sind das *Haager Übereinkommen betreffend das auf internationale Kaufverträge über bewegliche körperliche Sachen anzuwendende Recht* (SR 0.221.211.4) sowie das *Übereinkommen der Vereinten Nationen über Verträge über den internationalen Warenkauf* (SR 0.221.211.1; CISG). Staatsvertragliche Vorschriften finden sich weiter im Verkehrs- und Transportrecht (z.B. Transportverträge über die Beförderung von Gütern auf der Strasse, in der Luft oder auf See). Von zentraler Bedeutung sind schliesslich die Bestimmungen des LugÜ.

In der EU gilt seit dem 17.12.2009 die Verordnung (EG) Nr. 593/2008 über das auf vertragliche Schuldverhältnisse anzuwendende Recht (Rom I-VO). Die Verordnung ersetzt das zuvor einschlägige Römer Schuldrechtsübereinkommen aus dem Jahr 1980. Sie enthält vielfach ähnliche Regelungen wie das

Schweizer Recht, wobei im Detail gleichwohl zahlreiche Unterschiede bestehen. Die Zuständigkeit der Gerichte bestimmt sich innerhalb der EU nach der Brüssel Ia-VO. Im Verhältnis zur Schweiz gilt gegebenenfalls das LugÜ (Art. 64 LugÜ).

Das so geregelte Internationale Vertragsrecht geht von einem *weiten (autonomen) Vertragsbegriff* aus. Wesensmerkmal eines Vertrages ist die *freiwillig eingegangene Verpflichtung.* Daneben werden – wegen ihrer Nähe zum Vertrag – gegebenenfalls einzelne gesetzliche Rechtsverhältnisse den vertraglichen Regeln unterstellt (z.B. Ansprüche aus vorvertraglicher Beziehung, gewisse Ansprüche aus Vertrauenshaftung [z.B. die Haftung für falsche Auskunft], Ansprüche aus Geschäftsführung ohne Auftrag [GoA], jedenfalls soweit es die echte GoA betrifft).

Inhaltlich beruht das Internationale Vertragsrecht auf den vom materiellen Recht her bekannten *Grundprinzipien:* Ausgangspunkt bildet der Parteiwille *(Parteiautonomie).* Er tritt in Form der subjektiven Anknüpfung in Erscheinung (Gerichtsstandsvereinbarung und Rechtswahl). Der *gesetzlichen* Regelung kommen im Wesentlichen drei Funktionen zu: 1. normiert das Gesetz die *Mindestanforderungen* an eine gültige Gerichtsstandsvereinbarung bzw. Rechtswahl. 2. sieht es eine *Auffangregelung* für den Fall vor, in dem die Parteien keine (gültige) Vereinbarung getroffen haben. 3. normiert es in Einzelfällen *zwingendes Recht* namentlich zum Schutz der sozial schwächeren Partei (Konsument, Arbeitnehmer usw.).

b) Zuständigkeit

aa) Übersicht

Die Zuständigkeit der Gerichte für Streitigkeiten aus Verträgen bestimmt sich vorrangig nach dem Willen bzw. Verhalten der Parteien: *Gerichtsstandsvereinbarung (Art. 23 LugÜ, Art. 5 IPRG), Einlas-*

sung (Art. 24 LugÜ, Art. 6 IPRG). Für die Einzelheiten vgl. S. 127 ff., S. 135 f.

Bei Fehlen einer entsprechenden (gültigen) Regelung sind im Grundsatz die *Gerichte am Wohnsitz der beklagten Partei* zuständig *(Art. 2 Abs. 1 LugÜ, Art. 112 Abs. 1 IPRG)*. Grosse praktische Bedeutung kommt weiter dem *Gerichtsstand am Ort der Niederlassung der beklagten Partei* zu *(Art. 5 Ziff. 5, Art. 112 Abs. 2 IPRG)*. Das diesbezügliche Forum wird für Streitigkeiten eröffnet, welche im Zusammenhang mit dem Betrieb der jeweiligen Niederlassung stehen. Als Niederlassung gilt ein Ort, an dem von aussen wahrnehmbar mit einer festen Einrichtung eine Geschäftstätigkeit entfaltet wird (z.B. Geschäftslokal, Büroräumlichkeiten, nicht aber ein blosser Markt- oder Messestand; für Einzelheiten vgl. S. 18 f.). Ein Eintrag im Handelsregister ist nicht erforderlich.

bb) Zuständigkeit am vertraglichen Erfüllungsort

Spezifisch für Verträge gilt der *Gerichtsstand am vertraglichen Erfüllungsort (Art. 5 Ziff. 1 LugÜ, Art. 113 IPRG)*. Abgestellt wird auf den Erfüllungsort der *vertragscharakteristischen Leistung*. Nach IPRG gilt dies in jedem Fall; im LugÜ nur bei Verträgen über den Kauf beweglicher Sachen sowie über die Erbringung von Dienstleistungen – und dies jeweils nur insoweit, als der Erfüllungsort in einem durch das Übereinkommen gebundenen Staat liegt (Art. 5 Ziff. 1 lit. b LugÜ).

Für die Bestimmung der vertragscharakteristischen Leistung kann im Wesentlichen auf die kollisionsrechtliche Regelung von Art. 117 Abs. 2 und 3 IPRG verwiesen werden. Hilfe kann auch die Aufzählung in Art. 4 Abs. 1 Rom I-VO bieten. Charakteristisch ist dabei in aller Regel die der Geldleistung/Zahlung entgegenstehende Leistungspflicht, d.h. etwa die Übergabe der Kaufsache, die Erbringung der Dienstleistung, das Zur-Verfügung-Stellen der Mietsache, die Gewährung des Darlehens, der Garantie oder der Bürgschaft usw.

Soweit ein Vertrag ausnahmsweise *keine vertragscharakteristische Leistung* aufweist (z.B. ein Aktionärbindungsvertrag), entfällt u.E. der Gerichtsstand von Art. 113 IPRG. Demgegenüber findet im LugÜ die Auffangregel von Art. 5 Ziff. 1 lit. a Anwendung. Abzustellen ist auf den Erfüllungsort der sich im Streit befindlichen Hauptleistungspflicht (dazu weiter unten).

Der durch die Lieferpflicht bzw. die Dienstleistung nach Art. 5 Ziff. 1 lit. b LugÜ bestimmte *Erfüllungsort* ist gemäss Rechtsprechung des EuGH *vertragsautonom* festzulegen. Dabei orientiert sich der EuGH möglichst an der konkreten vertraglichen Vereinbarung sowie am tatsächlichen Sachverhalt, unter Ausschluss der Verweisung auf ein bestimmtes materielles Recht. Folgende Fälle hatte der EuGH inzwischen bereits zu beurteilen:

- Erfüllungsort bei Verträgen über den Kauf beweglicher Sachen mit mehreren Lieferorten: Ort der Hauptlieferverpflichtung; bei Fehlen Wahlrecht des Klägers;
- Erfüllungsort bei Verträgen über Dienstleistungen, wenn die Dienstleistung in verschiedenen Staaten zu erbringen ist: Ort der hauptsächlichen Leistungserbringung; bei Fehlen Wohnsitz des Dienstleisters;
- Erfüllungsort beim Versendungskauf: Lieferort gemäss Vertrag; fehlt ein solcher: Ort, an welchem der Käufer tatsächlich Verfügungsgewalt über den Kaufgegenstand erlangt hat;
- Erfüllungsort bei Verträgen über eine Flugreise: Abflug- und Ankunftsort.

Aus Gründen der Parallelität mag sich ein entsprechendes Vorgehen auch im Rahmen von Art. 113 IPRG aufdrängen. Danach sollte jedenfalls für Kauf- und Dienstleistungsverträge eine autonome Auslegung des Erfüllungsortes unter Bezugnahme auf die Rechtsprechung des EuGH Platz greifen. Im Übrigen, d.h. für die verbleibenden Verträge, ist alsdann sinngemäss zu verfahren. Ein Rückgriff auf die *lex fori* (Art. 74 OR) oder auf das auf den Vertrag anwendbare Recht *(lex causae)* sollte u.E. vermieden werden. Dies wurde freilich von der Rechtsprechung so noch nicht bestätigt.

Soweit kein Vertrag über den Kauf einer beweglichen Sache oder die Erbringung einer Dienstleistung i.S.v. Art. 5 Ziff. 1 lit. b LugÜ vorliegt oder der massgebliche Erfüllungsort in einem Drittstaat liegt, ist der Erfüllungsort im LugÜ nach der *lex causae* zu ermitteln. Gemäss Rechtsprechung des EuGH muss das Gericht danach in einem ersten Schritt die sich *im Streit befindliche vertragliche Hauptleistungspflicht* feststellen (z.B. Zahlung der Lizenzgebühr/Einräumung der Nutzungsrechte). *Vertragliche Nebenpflichten* haben im Zuständigkeitsrecht keinen eigenständigen Erfüllungsort. Gleiches gilt für die aus der Verletzung von Haupt- und Nebenpflichten abgeleiteten *Sekundäransprüche,* wie Schadenersatz und Konventionalstrafe.

In einem zweiten Schritt ist der Erfüllungsort der massgeblichen Hauptleistungspflicht zu ermitteln. Hierfür muss das Gericht das anwendbare Vertragsrecht (d.h. die *lex causae)* bestimmen. Den Vorschriften dieses Rechts ist der Erfüllungsort zu entnehmen. Findet in der Sache etwa Schweizer Vertragsrecht Anwendung, gilt Art. 74 OR. Im Rahmen des CISG etwa wären Art. 31 und 57 einschlägig.

Einer Erfüllungsortsvereinbarung kann sowohl nach Art. 113 IPRG als auch nach Art. 5 Ziff. 1 LugÜ zuständigkeitsbegründende Wirkung zukommen. Soweit das Zuständigkeitsrecht auf den Erfüllungsort der vertragscharakteristischen Leistung abstellt, kommt nur der entsprechenden Erfüllungsortsvereinbarung Bedeutung zu; die Vereinbarung des Zahlungsortes kann insoweit keine Zuständigkeit begründen. Eine Erfüllungsortsvereinbarung, die ausschliesslich der Begründung einer Zuständigkeit dient, d.h. wenn die Parteien tatsächlich keine Erfüllungshandlungen am betreffenden Ort beabsichtigen, untersteht den Formvorschriften der Gerichtsstandsvereinbarung.

c) Anwendbares Recht

aa) Subjektive Anknüpfung (Rechtswahl)

Verträge unterstehen dem von den Parteien gewählten Recht *(Art. 116 IPRG)*. Die Rechtswahl kann nach Art. 116 Abs. 2 IPRG *ausdrücklich* sein oder sich *eindeutig aus den Umständen* ergeben. Häufigste Erscheinungsform sind sog. *Rechtswahlklauseln* («Dieser Vertrag untersteht schweizerischem Recht»). Praktisch bedeutsam ist daneben die (implizite) Rechtswahl a) durch Bezugnahme der Parteien im Vertragstext auf einzelne Vorschriften einer materiellen Rechtsordnung, b) durch Gesamtzusammenhang (z.B. Vertragsschluss unter einem Rahmenvertrag) oder c) durch Ausführungen der Parteien zum gleichen Recht im gerichtlichen Verfahren, soweit die Frage des anwendbaren Rechts den Parteien bekannt sein müsste. Das blosse Vorliegen einer Gerichtsstandsvereinbarung begründet für sich allein keine gültige Rechtswahl.

Die Parteien können nur *staatliches Recht* wählen. Alsdann gilt Parteiautonomie: Jedes Recht ist wählbar, d.h., der Sachverhalt muss keinen Bezug zur gewählten Rechtsordnung aufweisen. Auch die Teilrechtswahl (das Recht wird nur für eine bestimmte Fragestellung im Vertrag, z.B. die Verjährung, gewählt) und die kumulative Rechtswahl (es wird zugleich die Anwendung mehrerer Rechte vereinbart) sind zulässig. *In praxi* kommt indes beides nur selten vor.

Die Rechtswahl kann *jederzeit* erfolgen. Eine abweichende Vereinbarung vorbehalten, gilt sie auf den Zeitpunkt des Vertragsschlusses zurück. Die Rechte Dritter bleiben vorbehalten (Art. 116 Abs. 3 IPRG). Entsprechend kann etwa beim Vertrag zugunsten Dritter eine vom Dritten bereits erworbene Rechtsposition nicht durch eine nachträgliche Rechtswahl der Vertragsparteien unterlaufen werden.

Die Wahl eines nichtstaatlichen Regelwerks – z.B. der UNIDROIT Principles of International Commercial Contracts – als anwendbares Recht ist nach Art. 116 IPRG nicht zulässig. Eine entsprechende «Rechtswahl» kann indes nach dem gemäss Art. 117 IPRG objektiv berufenen materiellen Recht Bedeutung erlangen, indem, gegebenenfalls, die dispositiven Vorschriften des Vertragsstatutes durch die UNIDROIT Principles ersetzt werden.

bb) Objektive Anknüpfung

Bei Fehlen einer (gültigen) Rechtswahl gilt nach *Art. 117 Abs. 1 IPRG* das *Recht des engsten Zusammenhangs.* Dies ist *vermutungsweise* das Recht, das am Ort der Niederlassung (im geschäftlichen Verkehr) bzw. am Ort des gewöhnlichen Aufenthalts (im privaten Verkehr) der Partei gilt, welche die *vertragscharakteristische Leistung* erbringt. Vertragscharakteristisch ist dabei jene Leistung, die den Typ des jeweiligen Vertrages festlegt bzw. diesen von anderen Verträgen unterscheidet. Entsprechend ist i.d.R. die der *Geldleistung/Zahlung entgegenstehende Leistung* als die vertragscharakteristische zu betrachten: Ein Kaufvertrag, ein Auftrag oder ein Werkvertrag unterscheiden sich nicht durch die Pflicht zur Zahlung, sondern durch den Inhalt der Hauptleistungspflicht (Übereignung einer Sache, Arbeitsleistung in freiberuflicher Stellung, Erstellung eines Werkes). Rechtsdogmatisch rechtfertigt sich diese Anknüpfung durch die Tatsache, dass sich im materiellen Recht vorab Normen finden, welche die vertragscharakteristische Leistung regeln. Entsprechend soll sich jene Partei, welche diese Leistung zu erbringen hat, in der ihr vertrauten Rechtsordnung bewegen dürfen.

Art. 117 Abs. 3 IPRG führt explizit einzelne vertragscharakteristische Leistungen auf. Ähnlich geschieht dies in Art. 4 Abs. 1 Rom I-VO für weitere Verträge (z.B. Franchiseverträge, Vertriebsverträge, Kauf an einer Börse). Dabei darf die Rom I-VO als Orientierungshilfe auch für die Auslegung des Schweizer Rechts herangezogen werden.

Die Anknüpfung mittels der vertragscharakteristischen Leistung begründet lediglich eine *Vermutung*. Soweit der Schwerpunkt des Vertrags im Einzelfall anderweitig belegen sein sollte, ermöglicht Art. 117 Abs. 1 IPRG als *lex specialis* zu Art. 15 IPRG ein Ausweichen auf die Rechtsordnung mit dem engsten Bezug. Vergleichbar ist in Fällen vorzugehen, in denen ein Vertrag *keine charakteristische Leistung* aufweist (z.B. echter Tauschvertrag, Aktionärbindungsvertrag).

Beispiel: Der Vertrag zwischen dem Veranstalter eines Tennisturniers und den verpflichteten Spielern enthält keine Rechtswahlklausel. Nach Art. 117 Abs. 2 IPRG liesse sich argumentieren, der Tennisspieler erbringe die vertragscharakteristische Leistung, weshalb das Recht an seinem gewöhnlichen Aufenthalt zur Anwendung gelange. Nach Art. 117 Abs. 1 IPRG könnte dagegen argumentiert werden, dass der Veranstaltungsort den engsten Bezug zum Vertrag begründe, weshalb sich ein Ausweichen auf das Recht am Ort der Veranstaltung rechtfertige.

d) Einzelne Verträge

aa) Kauf von beweglichen Sachen

Art. 118 IPRG verweist auf das *erga omnes* wirkende *Haager Übereinkommen über Kaufverträge* (vgl. S. 25). Dieses sieht mit Art. 116 f. IPRG weitgehend übereinstimmende Vorschriften vor.

Zu beachten ist daneben das *CISG*. Es enthält *materielles Einheitsrecht*. Sein Anwendungsbereich folgt aus Art. 1–6. Die Regelungen des CISG verdrängen das durch Kollisionsrecht berufene nationale Recht. Namentlich die vorbehaltlose Wahl des Rechts eines CISG-Staates führt praxisgemäss zur Anwendung des CISG. Wer das autonom-materielle Recht eines Vertragsstaats wählen will, hat das

CISG explizit auszuschliessen («Der Vertrag untersteht Schweizer Recht unter Ausschluss der Vorschriften des CISG»).

Bei Konsumentenverträgen gilt die Sonderregelung von Art. 120 IPRG. Das CISG findet auf entsprechende Verträge keine Anwendung (Art. 2 lit. a CISG). Dem Haager Übereinkommen über Kaufverträge wird Kraft ausdrücklicher Regelung in Art. 118 Abs. 2 IPRG die Geltung versagt.

Dieser Vorbehalt des IPR-Gesetzes gegenüber dem Haager Übereinkommen wird aufgrund einer entsprechenden Erklärung/Empfehlung der Haager Konferenz vom 6.10.1980 gemeinhin als völkerrechtskonform erachtet.

bb) Verträge über Grundstücke

Verträge über Grundstücke unterstehen dem *Recht am Lageort (Art. 119 Abs. 1 IPRG)*. Als Grundstücksverträge gelten namentlich Kaufverträge sowie Miet- und Pachtverträge, nicht aber grundstücksbezogene Werk- und Architekturverträge. Vom Recht am Lageort kann mittels *Rechtswahl* abgewichen werden (Art. 119 Abs. 2 IPRG), jedoch nicht, was die *Form des Vertrages* anbelangt. Hier gilt zwingend das Recht am Lageort, es sei denn, dieses lasse die Anwendung eines anderen Rechts zu (nicht so die Schweiz, vgl. Art. 119 Abs. 3 IPRG).

Bei Miet- und Pachtverträgen über Grundstücke ist die *ausschliessliche Zuständigkeit des Lagestaates* nach Art. 22 Ziff. 1 LugÜ zu beachten. Diese erfährt unter den dort aufgeführten Kautelen eine Ausnahme für kurzfristige Miet- und Pachtverträge.

cc) Konsumenten- und Versicherungsverträge

Verbraucher erfahren im internationalen Rechtsverkehr in mehrfacher Hinsicht Schutz. Der *Verbraucher kann an seinem eigenen Wohnsitz klagen* oder den Anbieter an dessen Wohnsitz belangen. Dem

Anbieter steht demgegenüber nur der Gerichtsstand am Wohnsitz des Verbrauchers offen. Diese *Zuständigkeitsverteilung* ist *zwingend:* Der Verbraucher kann erst nach Entstehung der Rechtsstreitigkeit eine Gerichtsstandsvereinbarung eingehen. Selbst die Einlassung wird in einzelnen Erlassen (z.B. in der Brüssel Ia-VO; nicht so im LugÜ und im IPRG) eingeschränkt: Der Verbraucher soll nicht ohne ausdrückliche Willenskundgabe seiner Zuständigkeiten beraubt werden.

Verbraucherverträge unterstehen dem *Umweltrecht des Verbrauchers.* Eine *Rechtswahl* bleibt *ausgeschlossen.*

Der so formulierte Verbraucherschutz findet sich in der Schweiz in *Art. 114 und Art. 120 IPRG* geregelt. Im *LugÜ* sind die *Art. 15 ff.* einschlägig.

Als Verbrauchervertrag gilt die Vereinbarung zwischen einem *gewerblichen Anbieter* und einer *natürlichen Person als Nachfrager.* Die *Nachfrage* hat zu *privaten Zwecken* zu erfolgen. Das IPRG (nicht aber das LugÜ) schützt sodann nur *die Nachfrage zum üblichen Ge- bzw. Verbrauch.*

> Entsprechend gelten Verträge im Zusammenhang mit privaten Kapitalanlagen (z.B. Wertschriftenkauf-, Bankdepot-, Anlage- und Vermögensverwaltungsverträge) im LugÜ gemeinhin als Verbrauchergeschäfte, nicht aber im IPRG.

Zusätzlich muss der *Abschluss* des Verbrauchervertrages in bestimmter Weise *durch den Anbieter veranlasst worden sein.* Nach Art. 120 Abs. 1 lit. a–c IPRG hat etwa der Anbieter den Verbraucher in dessen Wohnsitzstaat aufzusuchen oder diesen zur Reise ins Ausland zu bewegen. Auch eine vorausgegangene Werbung im Wohnsitzstaat des Verbrauchers erscheint ausreichend. Das LugÜ (Art. 15 Abs. 1 lit. c) verlangt die *Ausrichtung der gewerblichen Tätigkeit auf den Wohnsitzstaat des Verbrauchers.* Einzig beim Abzahlungskauf und beim Konsumkredit ist solches nicht erforderlich (Art. 15 Abs. 1 lit. a und b). Nach der Rechtsprechung des EuGH begründet die blosse Existenz einer Website kein Ausrichten i.S. der erwähnten

Vorschrift. Vielmehr bedarf es zusätzlicher Bezugnahmen auf den Wohnsitzstaat des Verbrauchers (z.B. internationale Vorwahl auf Website, Anfahrtswege aus dem Ausland, Sprache, Währung usw.), die im Einzelfall zu gewichten sind.

Aufgrund der soeben beschriebenen Regelung profitieren also insbesondere jene Personen *nicht* vom internationalen Verbraucherschutz, welche unaufgefordert, d.h. von sich aus, im Ausland Verträge zu privaten Zwecken abschliessen. Wer z.B. in den Ferien einen Fotoapparat kauft, kann sich später zu Hause nicht auf Art. 15 ff. LugÜ berufen, wenn sich ein Defekt einstellt.

Unter den vorgenannten Voraussetzungen kann im Prinzip *jeder Vertrag ein Verbrauchervertrag* sein. Erwähnt seien nur Kaufverträge, Darlehensverträge, Bankverträge oder auch Versicherungsverträge. Was Letztere anbelangt, sind im *LugÜ* indes die *besonderen Vorschriften für Versicherungssachen* nach Art. 8 ff. LugÜ zu berücksichtigen. Sie enthalten weitgehend vergleichbare Zuständigkeiten. In Abweichung zum Verbraucherrecht geschützt werden aber – Grossrisiken vorbehalten (Art. 14 Ziff. 5 LugÜ) – auch gewerbliche Versicherungsnehmer (insbes. KMU-Betriebe).

dd) Arbeitsverträge

Nach *IPRG* können arbeitsrechtliche Streitigkeiten jeweils am *Wohnsitz des Beklagten* oder am *gewöhnlichen Arbeitsort des Arbeitnehmers* angehoben werden. Der *Arbeitnehmer kann zusätzlich an seinem Wohnsitz* klagen (vgl. *Art. 115 Abs. 1 und 2 IPRG)*. Im *LugÜ* besteht letztere Zuständigkeit nicht. Dort kann der *Arbeitnehmer* einzig am *Wohnsitz des Arbeitgebers* oder am *gewöhnlichen Arbeitsort* Klage einreichen. Dafür *muss der Arbeitgeber am Wohnsitz des Arbeitnehmers klagen (Art. 19 f. LugÜ)*. Nach LugÜ kann eine abweichende *Gerichtsstandsvereinbarung* zu Lasten des Arbeitnehmers grundsätzlich erst nach Entstehung der Rechtsstreitigkeit getroffen werden. Das IPRG enthält keine diesbezügliche Einschränkung. Hier soll jedoch im Einzelfall der allgemeine *Missbrauchstatbestand* von Art. 5 Abs. 2 IPRG greifen.

Arbeitsverträge unterstehen i.d.R. dem *Recht des Staates, in dem der Arbeitnehmer seine Tätigkeit für gewöhnlich verrichtet.* Wird die Arbeit in mehreren Staaten verrichtet (z.B. Chauffeur in internationalem Transportunternehmen, Pilot), gilt das Recht des Staates, in dem sich die Niederlassung des Arbeitgebers befindet. Schliesslich können die Parteien den Arbeitsvertrag dem Recht am Ort der Niederlassung des Arbeitgebers oder dem Recht am gewöhnlichen Aufenthalt des Arbeitnehmers unterstellen *(Art. 121 IPRG).*

Soweit ein Gerichtsstand im EU-Ausland eröffnet ist, stösst eine *Rechtswahl* i.S.v. Art. 121 IPRG z.B. auf das Schweizer Recht *in praxi* freilich auf *erhebliche Schwierigkeiten.* Nach dem für das ausländische Gericht massgeblichen Art. 8 Rom I-VO ist eine Rechtswahl in Arbeitsverträgen zwar ebenfalls möglich. Sie darf indes nicht die *zwingenden* Vorschriften am gewöhnlichen Arbeitsort derogieren. Im Ergebnis folgt daraus ein *Günstigkeitsprinzip:* Es gelten die jeweils günstigeren (zwingenden) Vorschriften des Schweizer Rechts bzw. des Rechts am gewöhnlichen Arbeitsort. Die damit verbundenen Komplikationen lassen die Rechtswahl daher *de facto* als wenig empfehlenswert erscheinen.

> Die Problematik zeigt sich etwa für Schweizer Unternehmen, die Personal am Euroairport Basel-Mülhausen beschäftigen. Der Flughafen liegt auf französischem Boden. Für Klagen eines Arbeitnehmers besteht daher nach Art. 19 Ziff. 2 LugÜ eine zwingende Zuständigkeit der französischen Gerichte. Diese wenden nach Art. 8 Rom I-VO allenfalls günstigeres französisches Arbeitsvertragsrecht an, auch wenn sich das Schweizer Unternehmen im Arbeitsvertrag die Geltung des Schweizer Rechts vorbehalten hat. Dies gilt selbst gegenüber Arbeitnehmenden, die in der Schweiz wohnen.

ee) Verträge über Immaterialgüter

Verträge über Immaterialgüter unterstehen nach *Art. 122 IPRG* dem Recht des Staates derjenigen Person, welche das betreffende *Immaterialgut überträgt* oder dessen *Nutzung einräumt.* Eine Rechtswahl ist zulässig. Sonderregeln gelten für im Rahmen von Arbeitsverhältnissen begründete Immaterialgüterrechte (Art. 122 Abs. 3 IPRG).

e) Anerkennung und Vollstreckung

Bei der Anerkennung und Vollstreckung nach IPRG – Entscheidungen aus LugÜ-Drittstaaten – sind die indirekten Zuständigkeiten von *Art. 149 IPRG* zu beachten. Daraus folgt namentlich, dass eine im Ausland am vertraglichen Erfüllungsort ergangene Entscheidung in der Schweiz *nicht* anerkannt wird, wenn der Beklagte bei Anhängigmachung (Rechtshängigkeit) des ausländischen Verfahrens seinen Wohnsitz in der Schweiz hatte (Art. 149 Abs. 2 lit. a IPRG).

f) Besondere Bestimmungen für Verträge

aa) Schweigen auf einen Antrag

Zum Schutz der Person, die auf einen Antrag zum Abschluss eines Vertrages schweigt, knüpft *Art. 123 IPRG* insoweit, vom Vertragsstatut separiert, an das *Recht am gewöhnlichen Aufenthalt der schweigenden Partei* an. Diese soll sich im internationalen Verhältnis darauf verlassen können, dass ihr Schweigen nicht mehr bewirkt, als ihr das nach ihrem Umweltrecht bekannt sein müsste (Art. 6 OR).

bb) Form von Verträgen

Nach Massgabe des *favor negotii* sind Verträge formgültig, wenn sie den Vorschriften des *Vertragsstatuts* oder jenen am *Abschlussort* entsprechen *(Art. 124 IPRG).* Halten sich die Parteien bei Vertragsschluss in unterschiedlichen Staaten auf *(Distanzgeschäft),* reicht Formgültigkeit nach einem dieser Rechte. Eine Ausnahme begründen solche *Formvorschriften* des Vertragsstatuts, die speziell dem *Schutz einer Partei* dienen sollen (z.B. Formvorgaben zum Schutz von Konsumenten, Arbeitnehmern oder Mietern). Hier gilt ausschliesslich das Vertragsstatut, es sei denn, dieses behalte die Anwendung eines anderen Rechts vor.

cc) Erfüllungs- und Untersuchungsmodalitäten

Die Modalitäten der Erfüllung und der Untersuchung des Vertragsgegenstandes richten sich gemäss *Art. 125 IPRG* nach dem *Recht des Staates,* in dem die *Erfüllung bzw. Untersuchung tatsächlich erfolgt.* Die Bedeutung der Vorschrift zeigt sich insbes. bei Fragen der Gewährleistung. So untersteht namentlich der Umfang der Prüfungspflicht der Kaufsache (z.B. Stichproben) dieser Sonderanknüpfung.

dd) Stellvertretung

Für die *gewillkürte Stellvertretung* gilt die Sonderanknüpfung von *Art. 126 IPRG.* Nicht erfasst sind *gesetzliche Vertretungsverhältnisse.* Sie unterstehen dem jeweiligen Grundstatut (insbes. das Familienstatut). *Gesellschaftsrechtliche Vertretungsfragen* folgen dem Gesellschaftsstatut.

Das vertretungsrechtliche *Innenverhältnis* (Vertretener–Stellvertreter) – d.h. namentlich der Umfang, in welchem das Recht bzw. die Befugnis zur Vertretung eingeräumt werden *soll* – bestimmt sich nach dem Recht, dem das zwischen diesen *Parteien zugrunde liegende Rechtsverhältnis* untersteht (z.B. Auftragsstatut; Art. 126 Abs. 1 IPRG).

Auf das *Aussenverhältnis* der Stellvertretung (Vertretener–Dritter) – d.h. namentlich auf die Reichweite, mit welcher der Vertretene gegenüber dem Dritten tatsächlich verpflichtet werden *kann* – findet demgegenüber das Recht des Staates Anwendung, in dem der *Stellvertreter hauptsächlich auftritt* (Art. 126 Abs. 2 IPRG). Sonderanknüpfungen bestehen für den Fall, in dem der Stellvertreter über eine *eigene Niederlassung* verfügt oder sich das Vertretungsrecht aus einem *Arbeitsverhältnis* ableitet (Art. 126 Abs. 2 und 3 IPRG). Nicht speziell erwähnt, aber gleichwohl möglich, ist eine *Rechtswahl:* Dem Vertretenen steht es offen, die Vollmachtsurkunde mit einer Rechtswahlklausel zu versehen. Soweit der Stellvertreter alsdann tatsächlich diese Vollmachtsurkunde benutzt (sie z.B. dem Dritten vor Vertragsschluss vorlegt), kann diese Rechtswahlklausel für den Dritten verbindlich werden.

Das im Aussenverhältnis anwendbare Recht gilt auch für die Frage einer allfälligen Haftung des *falsus procurator,* d.h. des vollmachtlosen Stellvertreters (Stellvertreter–Dritter; Art. 126 Abs. 4 IPRG).

2. Delikt (unerlaubte Handlung)

a) Grundlagen

Sedes materiae des Internationalen Deliktsrechts sind die *Art. 129 ff. IPRG.* Zu beachten sind zudem die gemeinsamen Bestimmungen für die Delikte im Besonderen (Art. 140–142 IPRG) sowie für die schuldrechtlichen Verhältnisse im Allgemeinen nach Art. 143 ff. IPRG.

Aus *staatsvertraglicher Sicht* ist neben dem Lugano-Übereinkommen v.a. auf das *Haager Übereinkommen über das auf Strassenverkehrsunfälle anzuwendende Recht* (SVÜ, SR 0.741.31) hinzuweisen.

Das Internationale Deliktsrecht stellt begrifflich in erster Linie auf das Element der *Schädigung* ab. Gegenstand bildet nicht eine freiwillig eingegangene Verpflichtung (vgl. S. 26), sondern ein durch *Gesetz begründeter Anspruch wegen einer erfolgten oder drohenden Schädigung.* Erfasst werden namentlich alle im Schweizer Privatrecht geläufigen Haftungsformen (Verschuldens-, Kausal-, Gefährdungshaftung). Für die Einordnung der vertragsnahen Haftungsformen (c.i.c., GoA) vgl. S. 26.

Primäre Anknüpfungsmomente des Internationalen Deliktsrechts bilden der *Handlungs- und der Erfolgsort* (Deliktsort). Dem *Partei-*

willen kommt eher untergeordnete Bedeutung zu. Eine Rechtswahl ist sachlogisch erst im Anschluss an die unerlaubte Handlung in Betracht zu ziehen. Sie kann aber indirekt Einfluss nehmen im Rahmen der akzessorischen Anknüpfung an das Vertragsstatut (v.a. Fälle der Anspruchskonkurrenz).

In der EU ist das Internationale Deliktsrecht in der Verordnung (EG) Nr. 864/2007 des Europäischen Parlaments und des Rates vom 11.07.2007 über das auf ausservertragliche Schuldverhältnisse anzuwendende Recht (Rom II-VO) geregelt. Sie grenzt sich von der Rom I-VO dadurch ab, dass grundsätzlich alle nichtvertraglichen schuldrechtlichen Ansprüche (nicht freiwillig eingegangene Verpflichtungen) der Rom II-Verordnung unterstehen. Sie enthält auch Regelungen zur GoA (Art. 11) oder zur Haftung aus *c.i.c.* (Art. 12), wobei für vertragsnahe Ansprüche (insbes. Haftung aus Vertragsverhandlungen, echte GoA) auf das hypothetische Vertragsstatut und damit mithin auf die Rom I-VO verwiesen wird (vgl. Art. 11 bzw. Art. 12 Rom II-VO).

b) Zuständigkeit

Bei Delikten besteht alternativ Gerichtszugang am *Wohnsitz des Beklagten (Art. 129 IPRG, Art. 2 Abs. 1 LugÜ)* oder am *Deliktsort (Art. 129 IPRG, Art. 5 Ziff. 3 LugÜ)*. Als Deliktsort gelten der *Handlungs- und der Erfolgsort*, wobei Erster jeder Ort ist, an dem ein massgeblicher Tatbeitrag geleistet wird, während Zweiter der Ort ist, an dem erstmals in das fremde Rechtsgut eingegriffen wird. Irrelevant sind blosse *Schadensorte*, d.h. solche Orte, an denen der Schaden später kausal in Erscheinung tritt.

Beispiel: Dem Badegast fällt, unter einer Palme liegend, während seiner Karibikferien eine Kokosnuss auf den Kopf. Er erleidet einen Schädelbruch. Dieser wird erst nach Heimkehr in die Schweiz entdeckt. Massgeblicher Handlungsort ist der Ort, an dem die Kokosnuss an der Palme angewachsen war. Hier hat es die verantwortliche Person unterlassen, die Frucht zu sichern. Erfolgsort ist der Ort, an dem die Kokosnuss auf den Kopf des Badegastes auftrifft. Blosser Schadensort schliesslich ist der Ort, an dem die Schädigung bemerkt wird, d.h. *in casu* die Schweiz.

Besondere Schwierigkeiten bereitet die Bestimmung des Deliktsorts bei *blossen Vermögensschäden.* Hier lässt sich der Erfolgsort (d.h. der Ort, an dem erstmals in das fremde Rechtsgut eingegriffen wird) räumlich oft nur schwer lokalisieren. Vermögen ist heute vielfach entmaterialisiert, etwa in Form von Guthaben bei Banken, Versicherungen und anderen Instituten. Ein eigentlicher Lageort des Geldes besteht nicht. Gleichwohl verlangt die Rechtsprechung, dass der Lageort des Vermögens wenn möglich bestimmt wird (z.B. als Ort der kontoführenden Bank). Wo dies nicht möglich ist, stellt das BGer auf den Wohnsitz des Geschädigten ab. Dort befinde sich typischerweise der Schwerpunkt des Vermögens einer Person.

Spezielle Regeln gelten sodann für sogenannte *Streudelikte,* d.h. unerlaubte Verhaltensweisen, deren Erfolg in zahlreichen Staaten eintritt (z.B. Mediendelikte, Persönlichkeitsverletzungen im Internet, UWG-widrige Fernsehwerbung). Nach der Rechtsprechung des EuGH kann insoweit am Erfolgsort nur der im Inland entstandene Schaden geltend gemacht werden (sog. *Mosaiktheorie*). Möchte die geschädigte Person den Gesamtschaden geltend machen, hat sie am Wohnsitz der beklagten Partei oder am deliktischen Handlungsort vorzugehen. In der jüngeren Rechtsprechung unterscheidet der EuGH weitergehend zwischen dem hauptsächlichen Erfolgsort und den übrigen, blossen Erfolgsorten. Nach dieser, im Zusammenhang mit *Persönlichkeitsverletzungen im Internet* entwickelten Differenzierung, kann am hauptsächlichen Erfolgsort – i.d.R. der gewöhnliche Aufenthaltsstaat des Geschädigten, soweit die Veröffentlichung dort empfangen werden kann – der Gesamtschaden eingeklagt werden, während an den übrigen, blossen Erfolgsorten – übrige Orte, an denen die Veröffentlichung empfangbar ist – weiterhin nur der im Inland entstandene Schaden erhältlich gemacht werden kann. Es bleibt abzuwarten, inwieweit diese Rechtsprechung bei anderen Streudelikten zum Tragen kommen wird.

Weiter von Bedeutung sind die *Gerichtsstandsvereinbarung* und die *Einlassung*. Namentlich bei Anspruchskonkurrenz zwischen Vertrag und Delikt dürfte vielfach davon auszugehen sein, dass nicht nur die vertraglichen, sondern auch die deliktsrechtlichen Ansprüche unter die Gerichtsstandsvereinbarung fallen.

Zu erwähnen ist schliesslich der *Gerichtsstand der Adhäsionsklage (Art. 8 c IPRG, Art. 5 Ziff. 4 LugÜ)*. Danach besteht Gerichtszugang am Ort des Strafverfahrens, soweit der Geschädigte in diesem Zusammenhang seine Zivilansprüche geltend machen will.

c) Anwendbares Recht

Ansprüche aus Delikt unterstehen in erster Linie dem von den *Parteien nachträglich gewählten Recht (Art. 132 IPRG)*.

Eine solche Rechtswahl wird *in praxi* freilich nur selten getroffen. Darum gilt es in der Regel objektiv anzuknüpfen. Danach wird – also gleichsam in zweiter Linie – *akzessorisch* an das Recht angeknüpft, dem ein allenfalls zwischen den Parteien *vorbestehendes Rechtsverhältnis* untersteht *(Art. 133 Abs. 3 IPRG)*. Dieses kann irgendein Rechtsgebiet betreffen (Familienrecht, Erbrecht, Vertragsrecht, Gesellschaftsrecht usw.). V.a. aber werden «Delikte zum Vertrag gezogen», um der *in praxi* häufig anzutreffenden *Anspruchskonkurrenz* internationalprivatrechtlich durch eine einheitliche Anknüpfung Rechnung zu tragen.

In dritter Linie findet auf das Delikt das *Recht des gemeinsamen Aufenthaltsstaats* von Geschädigtem und Schädiger Anwendung (Art. 133 Abs. 1 IPRG).

Erst in vierter Linie findet nach Art. 133 Abs. 2 *in fine* das *Recht am Erfolgsort* Anwendung, soweit der Schädiger mit dem Eintritt des Erfolgs im betreffenden Staat rechnen musste.

Soweit auch diese Anknüpfung versagt, gilt zuletzt das *Recht am Handlungsort* (Art. 133 Abs. 2 IPRG).

Für die Begriffe Handlungs- und Erfolgsort vgl. vorstehend S. 40 f.

Beispiel: Bei einem Skiunfall in Zermatt ist somit zunächst zu fragen, ob der Unfallverursacher und der Geschädigte eine nachträgliche Rechtswahl getroffen haben. Liegt ein vorbestehendes Rechtsverhältnis vor – der Unfallverursacher war der Privatskilehrer – wird akzessorisch an das Vertragsstatut angeknüpft. Im Übrigen wird darauf abgestellt, ob die Parteien ihren gewöhnlichen Aufenthalt im gleichen Staat haben – Unfallverursacher und Opfer sind beides Skifahrer mit gewöhnlichem Aufenthalt im nahen Italien. Erst in letzter Linie gilt das Recht am Unfallort, d.h. das Schweizer Recht.

d) Besondere Delikte

aa) Strassenverkehrsunfälle

Art. 134 IPRG verweist für Ansprüche aus Strassenverkehrsunfällen auf das gleichnamige *Haager Übereinkommen* (SVÜ; vgl. S. 39). Danach gilt primär das *Recht am Unfallort* (Art. 3 SVÜ). Je nachdem, ob die involvierten Fahrzeuge alle in demselben Staat zugelassen sind bzw. Schädiger und Geschädigter Aufenthalt in demselben Staat haben, wird abweichend davon gegebenenfalls an das *Recht des Zulassungsstaates* angeknüpft (Art. 4 und Art. 5 SVÜ).

Art. 9 SVÜ fördert mittels Alternativanknüpfung die Durchsetzung von *Direktansprüchen.* Gemeint ist das im Strassenverkehrsrecht verbreitete Recht des Geschädigten, sich direkt an den Haftpflichtversicherer des Fahrzeughalters zu halten. Entsprechende Ziele verfolgt Art. 11 LugÜ im Bereich der Zuständigkeit: «Auf eine Klage, die der Geschädigte unmittelbar gegen den Versicherer erhebt, sind die Art. 8, Art. 9 und Art. 10 anzuwenden, sofern eine solche unmittelbare Klage zulässig ist.» Das LugÜ eröffnet dem Geschädigten in Art. 9 Abs. 1 lit. b alsdann – gegebenenfalls – die Möglichkeit, an seinem eigenen Wohnsitz gegen den Haftpflichtversicherer zu klagen.

Vergleichbare Bestimmungen kennt das IPRG für Delikte im Allgemeinen (Art. 131 und Art. 141 IPRG; *unmittelbares Forderungsrecht).* Diese würden erheblich an Bedeutung gewinnen, wenn im Rahmen der Revision des VVG in allgemeiner Weise ein direktes Forderungsrecht in der Haftpflichtversicherung eingeführt würde.

bb) Produkthaftung

Bei der Produkthaftung (gemeint sind ausservertragliche Ansprüche aus mangelhaften Produkten oder mangelhafter Umschreibung von Produkten) findet *nach Wahl des Geschädigten* das *Recht des Schädigers* (Niederlassungs- bzw. Aufenthaltsrecht) oder das *Recht am Erwerbsort* Anwendung *(Art. 135 Abs. 1 IPRG).* Die Anknüpfung an den Erwerbsort setzt indes voraus, dass das Produkt dort mit dem Einverständnis des Herstellers in den Handel gelangt ist (offizieller oder zumindest voraussehbarer Vertrieb). Die Haftungsvoraussetzungen (z.B. Kausalhaftung) sowie der Kreis der möglichen Haftpflichtigen (z.B. Hersteller, Importeur, Lieferant von Bestandteilen, Markeneigentümer) bestimmen sich nach der *lex causae* (Deliktstatut). Diese regelt auch die Höhe von Ersatzansprüchen. Aus Furcht vor *Mehrfachschadenersatzansprüchen* amerikanischen Zuschnitts schiebt Art. 135 Abs. 2 IPRG dem aber teilweise einen Riegel vor. Die Schweizer Gerichte dürfen keine weitergehenden Leistungen zusprechen, als dies nach Schweizer Recht möglich wäre *(lex americana)*.

Das Wahlrecht des Geschädigten in Art. 135 Abs. IPRG ist ein Beispiel dafür, dass der IPR-Gesetzgeber ausnahmsweise auch materiell-rechtliche Ziele verfolgt. Der Geschädigte soll von einem maximalen Schutzniveau profitieren können; die Hersteller sollen sich an den strengsten Vorgaben orientieren.

cc) Unlauterer Wettbewerb

Das Wettbewerbsrecht schützt nicht nur die Marktteilnehmer, sondern den Markt an sich *(Funktionsschutz)*. Nur ein fairer Markt kann florieren. Kollisionsrechtlich folgt daraus eine Anknüpfung an das Marktrecht im Sinne einer Konkretisierung der Anknüpfung an den Deliktsort.

Der Verweisungsbegriff «unlauterer Wettbewerb» umfasst unfaire Verhaltensweisen im weitesten Sinne, wobei Art. 2 ff. des Bundesgesetzes über den unlauteren Wettbewerb (UWG, SR 241) als Vorbild dienen können.

Nach *Art. 136 IPRG* unterstehen Ansprüche aus unlauterem Wettbewerb dem Recht des Staates, auf dessen Markt die unlautere Handlung ihre Wirkung entfaltet. Es gilt das sog. *Markteinwirkungsprinzip:* Massgeblich ist der Ort, an dem Angebot und Nachfrage aufeinandertreffen. Es ist dies in der Regel der Aufenthaltsort des Konsumenten. Mitunter gilt danach das Recht des Staates, in dem eine bestimmte Absatzhandlung (Verkauf, Werbung usw.) auf den Konsumenten trifft. Bewirbt ein Schweizer Unternehmen Schweizer Feriengäste in Spanien, gilt folglich insoweit spanisches und nicht schweizerisches Lauterkeitsrecht.

Auf Wettbewerbsverstösse, die ganz überwiegend nur die *Interessen eines Mitbewerbers* tangieren (z.B. Werkspionage), findet das Recht des Staates Anwendung, in dem sich die betroffene Niederlassung des Geschädigten befindet (Art. 136 Abs. 2 IPRG).

In allen Fällen vorbehalten bleibt die *akzessorische Anknüpfung an ein bestehendes Rechtsverhältnis* nach Art. 133 Abs. 3 IPRG; überwiegend bejaht wird die Möglichkeit einer *nachträglichen Rechtswahl* nach Art. 132 IPRG.

dd) Wettbewerbsbehinderung (Kartellrecht)

Aus vergleichbaren Motiven (vgl. S. 45) gilt für die *Haftung aus Kartellprivatrecht* eine Marktanknüpfung. Entsprechende Ansprüche unterstehen dem Recht des Staates, auf dessen Markt der Geschädigte von der Behinderung unmittelbar betroffen ist *(Art. 137 Abs. 1 IPRG)*. Aufgrund eines nochmals verstärkten Funktionsschutzes gilt hier das *Marktauswirkungsprinzip*, d.h., es findet das Recht des Staates Anwendung, auf dessen Markt sich das kartellrechtswidrige Verhalten auswirkt. Entsprechend kommt es nicht allein darauf an, wo der Erstkontakt zum Konsumenten stattfindet (Einwirkung). Relevant sind überdies auch mittelbare Auswirkungen auf andere Märkte, soweit diese Auswirkungen *spürbar* sind.

Wie bei der Produkthaftung gilt hier ebenfalls die *lex americana* (Art. 137 Abs. 2 IPRG).

Soweit sich eine Verhaltensweise auf mehrere Märkte auswirkt, findet die sog. *Multi-State-Doktrin* Beachtung: Das anwendbare Recht ist für jeden Markt gesondert zu ermitteln.

ee) Immissionen

Der Schutz vor grundstücksbezogenen Immissionen erfolgt im grenzüberschreitenden Verhältnis nach *Wahl des Geschädigten* nach dem *Recht des Staates,* in dem die *Immission einwirkt* oder von dem die *Immission ausgeht (Art. 138 IPRG)*. Der Sonderanknüpfung kommt namentlich im Umwelthaftpflichtrecht Bedeutung zu. Zu denken ist etwa an die Verschmutzung der Luft oder eines Gewässers durch einen Industrieunfall.

ff) Persönlichkeitsverletzung durch Medien

Bei Ansprüchen aus Persönlichkeitsverletzung durch Medien (z.B. Printmedien, Radio, Fernsehen, Internet) gelten die *weitreichenden Wahlrechte des Geschädigten* nach *Art. 139 Abs. 1 IPRG*. Dadurch soll der Schutz bei publikumsintensiven Persönlichkeitsverletzungen verstärkt werden.

Abweichend davon untersteht das *Gegendarstellungsrecht* ausschliesslich dem Recht am Erscheinungs- bzw. Verbreitungsort (Art. 139 Abs. 2 IPRG).

Nach Art. 139 Abs. 3 IPRG erfasst das Wahlrecht des Geschädigten nach Abs. 1 auch Ansprüche aus *Verletzung der Datenschutzgesetzgebung*.

e) Anerkennung und Vollstreckung

Bei der Anerkennung und Vollstreckung nach IPRG – v.a. Entscheidungen aus LugÜ-Drittstaaten – sind die indirekten Zuständigkeiten von *Art. 149 IPRG* zu beachten. Eine am ausländischen Deliktsort ergangene Entscheidung findet in der Schweiz nur Beachtung, wenn der Beklagte bei Anhängigmachung des Verfahrens (Rechtshängigkeit) seinen Wohnsitz *nicht* in der Schweiz hatte (Art. 149 Abs. 2 lit. f IPRG).

f) Besondere Bestimmungen für Delikte

Art. 140–142 IPRG enthalten verschiedene Sonderanknüpfungen für Delikte. Danach ist bei *mehreren Haftpflichtigen* das anwendbare Recht im Verhältnis zu jedem Haftpflichtigen gesondert zu bestimmen (Art. 140 IPRG). Weiter wird das *unmittelbare Forderungsrecht* geregelt (Art. 141 IPRG; vgl. auch S. 43 f.). Umschrieben wird auch der *Umfang des Deliktsstatuts* (Art. 142 IPRG). Im Unterschied zum

Vertragsrecht wird die Handlungsfähigkeit nicht gesondert nach Art. 35 f. IPRG angeknüpft. Vielmehr untersteht die Deliktsfähigkeit dem Deliktsstatut. Für spezifische *Sicherheits- und Verhaltensvorschriften* ist das Recht am Ort der Handlung massgeblich (Art. 142 Abs. 2 IPRG; vgl. etwa die Strassenverkehrsvorschriften [z.B. Links- oder Rechtsverkehr], dazu auch Art. 7 SVÜ).

3. Ungerechtfertigte Bereicherung

Das *IPRG* enthält in *Art. 127 f.* spezielle Vorschriften zum Internationalen Bereicherungsrecht. Für die Behandlung entsprechender *Streitigkeiten* zuständig sind die *Gerichte am Wohnsitz* sowie *am Ort der Niederlassung des Beklagten.* Für das *anwendbare Recht* ist eine *akzessorische Anknüpfung* an das mit der Bereicherung (vermeintlich) verbundene *Rechtsverhältnis* vorgesehen. Im Übrigen findet das *Recht des Staates* Anwendung, in dem die *Bereicherung eingetreten* ist. Daneben können die Parteien das *Recht am Gerichtsort wählen.* Für die indirekte Zuständigkeit vgl. insbes. *Art. 149 Abs. 2 lit. e IPRG.*

Die vermeintlich einfache gesetzliche Regelung gibt die Komplexität des Internationalen Bereicherungsrechts nur ansatzweise wieder. Im Ausgangspunkt ist zwischen den drei Kondiktionstypen zu unterscheiden: *Leistungskondiktion, Eingriffskondiktion* sowie *Zufallskondiktion.* Alsdann ist zunächst zu fragen, ob der Bereicherungsanspruch im Zusammenhang mit der Rückabwicklung eines Vertragsverhältnisses steht. Insoweit bestimmt sich die Zuständigkeit nach den vertraglichen Regeln (insbes. Art. 5 Ziff. 1 LugÜ). Massgeblich ist das (hypothetische) Vertragsstatut, wie dies in Art. 128 Abs. 1 IPRG korrekt zum Ausdruck kommt. Weiter stellt sich die Frage, ob der Bereicherungsanspruch zugleich ein Delikt begründet (z.T. bei Eingriffskondiktionen). Hier folgt die Zuständigkeit den deliktsrechtlichen Regeln (insbes. Art. 5 Ziff. 3 LugÜ). Das anwendbare Recht folgt aus Art. 132 ff. IPRG. Erst in letzter Linie finden die allgemeinen bereicherungsrechtlichen Vorschriften von Art. 127 f.

IPRG Anwendung. Dies trifft praktisch vor allem auf Zufallskondiktionen und teilweise auf Eingriffskondiktionen zu.

Die ungerechtfertigte Bereicherung erfährt im LugÜ keine besondere Behandlung. Beruht der Anspruch auf einer freiwillig eingegangenen Verpflichtung (Rückabwicklung von Verträgen) gilt Art. 5 Ziff. 1 LugÜ. Im Übrigen findet Art. 5 Ziff. 3 LugÜ Anwendung.

In der Rom II-VO befasst sich Art. 10 mit Ansprüchen aus ungerechtfertigter Bereicherung. Die Regelung ist mit dem Schweizer Recht vergleichbar. Primär gilt eine akzessorische Anknüpfung an das Vertrags- bzw. Deliktsstatut. Subsidiär findet das Recht des Staates Anwendung, in dem die Bereicherung eingetreten ist. Soweit die Parteien im gleichen Staat ihren gewöhnlichen Aufenthalt haben, gilt es jedoch vorrangig dieses Recht anzuwenden. In allen Fällen offen steht eine Rechtswahl nach Art. 14 Rom II-VO.

4. Gemeinsame Bestimmungen zum Schuldrecht

a) Schuldner- und Gläubigermehrheit

Art. 143 IPRG stellt klar, dass bei einer Mehrheit von Schuldnern das anwendbare Recht mit Bezug auf jeden dieser Schuldner *separat* zu bestimmen ist. Obwohl nicht ausdrücklich im Gesetz geregelt, gilt *vice versa*, d.h. im Fall von Gläubigermehrheiten, das Gleiche. Soweit die so berufenen Rechte unterschiedliche Anordnungen treffen (z.B. Gesamtgläubigerschaft vs. Einzelgläubigerschaft oder Teilschuldnerschaft vs. Solidarität), können sich komplexe Fragestellungen ergeben. Aus Praktikabilitätsgründen muss hier gegebenenfalls jenem Recht der Vortritt gewährt werden, das die loseste Form der Gemeinschaft unter den Gläubigern bzw. Schuldnern vorsieht.

b) Regress

Der Regress untersteht nach *Art. 144 IPRG* einer *kumulativen Anknüpfung:* Er kann nur so weit erfolgen, als das im Verhältnis *Schuldner 1–Gläubiger* sowie das im Verhältnis *Schuldner 2–Gläubiger* anwendbare Recht dies vorsehen. Eine Sonderregelung gilt für den Rückgriff von öffentlichen Einrichtungen (Art. 144 Abs. 3 IPRG). Für die Details vgl. Art. 144 IPRG.

c) Zession

Die Abtretung einer Forderung – i.e. das *Verfügungsgeschäft* – untersteht primär dem von Abtretungsschuldner und -gläubiger *gewählten Recht.* Bei Fehlen einer (gültigen) Rechtswahl gilt das auf die abzutretende Forderung anwendbare Recht *(Forderungsstatut).* Letzteres ist im Verhältnis zum Schuldner immer zu beachten, es sei denn, dieser habe der Rechtswahl *zugestimmt.* Was die *Form der Zession* anbelangt – in der Schweiz wird Schriftlichkeit verlangt –, gilt in jedem Fall das Forderungsstatut. Im Einzelnen vgl. *Art. 145 IPRG.*

d) Legalzession

Ob eine Forderung von Gesetzes wegen übergeht, bestimmt sich primär nach dem auf das *Rechtsverhältnis zwischen dem alten und dem neuen Gläubiger anwendbaren Recht.* Ist z.B. Schweizer Auftragsrecht einschlägig, erwirbt der Auftraggeber nach Art. 401 OR mit Erfüllung seiner vertraglichen Pflichten alle Forderungen, welche der Beauftragte im Rahmen seiner Tätigkeit erworben hat.

Besteht zwischen dem alten und dem neuen Gläubiger *kein Rechtsverhältnis,* richtet sich eine allfällige Legalzession nach dem *Forderungsstatut.* Entsprechend hält etwa Art. 110 OR für das Schweizer Recht fest, dass eine Person, welche ohne besonderen Grund eine fremde Forderung begleicht, diese nicht von Gesetzes wegen erwirbt (eine blosse Einmischung soll nicht honoriert werden). Im Einzelnen vgl. *Art. 146 IPRG.*

e) Währung

Art. 147 IPRG regelt Aspekte der Währung im internationalen Verhältnis. Von zentraler Bedeutung ist das *Währungsstatut* – d.h. das Recht, welches darüber bestimmt, in welcher Währung die Zahlung verlangt werden kann bzw. geschuldet ist. Das Währungsstatut richtet sich gemäss Art. 147 Abs. 3 IPRG nach dem *Zahlungsort der Schuld.* Wo der Zahlungsort liegt, ist dem auf die betreffende Forderung anwendbaren Recht zu entnehmen. *Pro memoria:* Ein Rechtsbegehren, das auf eine falsche Währung lautet, führt zur Abweisung der Klage. Das Gericht darf den Schuldner nicht von Amtes wegen zur Zahlung in einer anderen Währung verurteilen.

f) Untergang von Forderungen

Grundsätzlich bestimmt das auf das *Schuldverhältnis anwendbare Recht* auch über die Gründe, welche zum Untergang der damit verbundenen Forderungen führen (vgl. *Art. 148 Abs. 1 IPRG* für die Verjährung und Verwirkung sowie für alle weiteren nicht besonders geregelten Erlöschensgründe wie Erfüllung, Kündigung, Tod, Unmöglichkeit usw.). Für die *Verrechnung* gilt abweichend das Recht, dem die zu tilgende Forderung untersteht (Art. 148 Abs. 2 IPRG). Folgt der Untergang der Forderung aus einer *Vereinbarung* – z.B. Erlassvertrag, Vergleich oder *contrarius actus* –, so ist das anwendbare Recht nach Art. 116 f. IPRG zu bestimmen (Art. 148 Abs. 3 IPRG).

§ 2 Gesellschaftsrecht und Trusts

1. Gesellschaftsrecht

a) Grundlagen

Die Vorschriften über das Internationale Gesellschaftsrecht sind in *Art. 150–165 IPRG* enthalten. Daneben ist *Art. 21 IPRG* zu beachten, der den Sitz und die Niederlassung von Gesellschaften definiert. Bei den *Staatsverträgen* steht das LugÜ im Vordergrund. Es ist auf gesellschaftsrechtliche Streitigkeiten anwendbar.

Was im IPRG eine Gesellschaft ist, wird in Art. 150 des Gesetzes ausdrücklich umschrieben. Etwaigen Diskussionen über die Qualifikation einzelner Gesellschaftsformen ist der Gesetzgeber damit weitgehend zuvorgekommen. Dem Kapitel über das Internationale Gesellschaftsrecht unterstehen danach *organisierte Personenzusammenschlüsse und Vermögenseinheiten.* Für einfache Gesellschaften, die sich *keine Organisation* gegeben haben, gilt demgegenüber das auf Verträge anwendbare Recht (Art. 150 Abs. 2 IPRG). Abgestellt wird auf den *Organisationsgrad:* Nur lose, bloss zufällige oder lediglich auf kurze Dauer ausgerichtete Zusammenschlüsse gelten eher nicht als Gesellschaften i.S. des IPRG. Daneben stellt der Wortlaut von Art. 150 Abs. 1 IPRG klar, dass auch Stiftungen, Anstalten und ähnliche *Vermögenseinheiten* Gegenstand des Internationalen Gesellschaftsrechts bilden.

Das Internationale Gesellschaftsrecht ist durch den *Wettstreit* zweier konkurrierender Anknüpfungssysteme geprägt. Nach der *Inkorporationstheorie* sollen Gesellschaften dem Recht unterstehen, nach dessen Vorschriften sie gegründet wurden. Der Sitz einer Gesellschaft befindet sich am statutarischen, d.h. von den Eignern gewählten Sitz. Im Unterschied dazu findet nach der *Sitztheorie* auf Gesellschaften das Recht am tatsächlichen Verwaltungssitz einer Gesellschaft Anwendung. Ihr Sitz befindet sich dort, wo sie tatsächlich verwaltet wird.

Eine wichtige Differenz zwischen den zwei Theorien zeigt sich bei der «Sitzverlegung»: Nach der Inkorporationstheorie können statutarischer Sitz und Verwaltungssitz auseinanderfallen. Ist eine Gesellschaft einmal wirksam in einem Staat gegründet, kann sie ihre *Verwaltung überall* in der Welt errichten, ohne dass sie ihren Sitz und damit mithin ihr *Rechtskleid verändern* müsste. Anders bei der Sitztheorie: Wird hier der *Schwerpunkt der Verwaltung* der Gesellschaft von einem Staat in einen *anderen verlegt,* wechselt sie zugleich ihren Sitz. Damit verbunden ist i.d.R. die Notwendigkeit, die Gesellschaft nach dem Recht des Staates am alten Sitz zu liquidieren und nach dem Recht des Staates am neuen Sitz erneut zu gründen. Die «Beweglichkeit» einer Gesellschaft wird damit stark eingeschränkt. Dafür besteht der Vorteil, dass von aussen eher erkennbar ist, welchem Recht eine Gesellschaft untersteht: nämlich dem Recht des Staates, in dem sie tatsächlich den Schwerpunkt ihrer Verwaltung aufweist.

Das Schweizer *IPRG* beruht dem Grundsatz nach auf der Inkorporationstheorie (Art. 154 IPRG). Zahlreiche ausländische Staaten, z.B. Deutschland, folgen demgegenüber der Sitztheorie. Innerhalb der EU gilt gemäss Rechtsprechung des EuGH im Ausgangspunkt (wenn auch nicht abschliessend) die Inkorporationstheorie. Sie ist logische Folge der in der EU statuierten Niederlassungsfreiheit. Im Verhältnis zu Drittstaaten, d.h. mithin zur Schweiz, findet weiterhin das nationale Recht der Mitgliedstaaten Anwendung. Danach hat der deutsche BGH unlängst entschieden, dass z.B. im Verhältnis Schweiz–Deutschland (aus deutscher Sicht) weiterhin die Sitztheorie Anwendung findet.

b) Zuständigkeit

Für Klagen, welche die *Gültigkeit,* die *Nichtigkeit* oder die *Auflösung einer Gesellschaft* oder juristischen Person bzw. die Gültigkeit *der Beschlüsse ihrer Organe* zum Gegenstand haben, sind nach *Art. 22 Ziff. 2 LugÜ* die *Gerichte des Sitzstaates* der Gesellschaft *ausschliesslich zuständig.* Das angerufene Gericht hat den Sitz der Gesellschaft anhand der Vorschriften seines *eigenen Internationalen Privatrechts* zu ermitteln. Für die Schweizer Gerichte gilt Art. 21 IPRG. Dies bedeutet eine Abweichung zu Art. 60 LugÜ, der im Übrigen eine übereinkommensautonome Definition des Gesellschaftssitzes vorsieht. Unter die besondere Zuständigkeit fällt etwa eine Klage auf Anfechtung oder Nichtigkeit eines Generalversammlungs- oder Verwaltungsratsbeschlusses. Der Gerichtsstand ist *zwingend,* Gerichtsstandsvereinbarungen sind ausgeschlossen (Art. 23 Abs. 5 LugÜ). Normiert wird lediglich die *internationale,* nicht auch die örtliche Zuständigkeit.

Für *andere gesellschaftsrechtliche Streitigkeiten,* wie Verantwortlichkeitsklagen, Beitragsklagen, Klagen auf Einsicht in die Geschäftsbücher, gelten die sonstigen Bestimmungen des LugÜ. Zuständig sind in erster Linie die *Gerichte im Wohnsitz- bzw. Sitzstaat des Beklagten (Art. 2 Abs. 1 LugÜ).* Daneben wird gegebenenfalls ein Gerichtsstand am vertraglichen Erfüllungsort, am Deliktsort oder am Ort der Niederlassung eröffnet (vgl. *Art. 5 LugÜ*).

Soweit es Beklagte mit Wohnsitz bzw. Sitz in einem *LugÜ-Drittstaat* betrifft, finden die Zuständigkeiten von *Art. 151 ff. IPRG* Anwendung. Den Vorschriften kommt praktisch nur noch geringe Bedeutung zu. Zu denken ist etwa an eine Verantwortlichkeitsklage gegenüber einem Organ, wenn sich der Sitz der Gesellschaft in der Schweiz befindet und das beklagte Organ in einem LugÜ-Drittstaat wohnt, oder an eine Klage aus Prospekthaftung, wenn die Ausgabe in der Schweiz erfolgt ist und die beklagte Partei ihren Sitz in einem LugÜ-Drittstaat hat.

c) Anwendbares Recht

aa) Regelanknüpfung

Nach *Art. 154 IPRG* findet auf Gesellschaften das *Recht des Staates* Anwendung, *nach dessen Vorschriften sie organisiert* sind, soweit sie die darin vorgeschriebenen Publizitäts- oder Registrierungsvorschriften erfüllen oder, falls solche Vorschriften nicht bestehen, sich nach dem Recht dieses Staates organisiert haben. Es gilt mithin das Gründungsrecht *(Inkorporationstheorie)*, wobei bei registrierungspflichtigen Gesellschaften deren Registrierung verlangt wird, während bei nichtregistrierungspflichtigen Gesellschaften die Gründung nach den jeweiligen Vorschriften erfolgt sein muss. I.S. einer *Auffangregel* hält Art. 154 Abs. 2 IPRG fest, dass widrigenfalls – d.h. bei Nicht-Einhaltung der Gründungsvorschriften – das *Recht des Staates* Anwendung findet, in dem die *Gesellschaft tatsächlich verwaltet* wird. Damit übernimmt die *Sitztheorie* die Funktion einer Auffangregel, wenn nach der Inkorporationstheorie eine Gesellschaft gültig *nicht* besteht.

Das so umschriebene Gesellschaftsstatut findet umfassend auf sämtliche Fragen des *Gesellschaftsinnen- und Gesellschaftsaussenrechts* Anwendung. *Art. 155 IPRG* nennt die wichtigsten Beispiele: Rechtsnatur, Entstehung und Untergang, Rechts- und Handlungsfähigkeit, Name oder Firma, Organisation, interne Beziehungen, namentlich jene zwischen der Gesellschaft und ihren Mitgliedern, Haftung aus Verletzung gesellschaftsrechtlicher Vorschriften, Haftung für die Schulden der Gesellschaft, Vertretung. Grundsätzlich nicht nach dem Gesellschaftsstatut bemisst sich das Auftreten der Gesellschaft im Rechtsverkehr. Insoweit gelten etwa das Vertrags-, das Delikts- oder das Bereicherungsstatut. Dem Gesellschaftsstatut verbleibt hier aber die Regelung der Zuordnung des Verhaltens der für die Gesellschaft auftretenden Personen.

Die Anknüpfung nach Art. 154 f. IPRG gilt vorbehaltlich einer Sonderanknüpfung gemäss Art. 156–160 IPRG.

bb) Prospekthaftung

Auf Ansprüche aus öffentlicher Ausgabe von Beteiligungspapieren und Anleihen aufgrund von Prospekten, Zirkularen und ähnlichen Bekanntmachungen ist nach *Art. 156 IPRG das auf die Gesellschaft anwendbare Recht* oder das *Recht des Staates,* in dem die *Ausgabe erfolgt ist,* anwendbar. Die *alternative Anknüpfung* an den Ausgabeort führt *de facto* dazu, dass die an der Ausgabe Beteiligten die jeweils *strengeren Prospektvorschriften* des Gesellschaftsstatuts oder des Rechts am Ausgabeort beachten müssen.

cc) Namens- und Firmenschutz

Der Schutz des Namens oder der Firma von im *Schweizer Handelsregister eingetragenen Gesellschaften* untersteht nach *Art. 157 Abs. 1 IPRG schweizerischem Recht.* Für *nicht im Schweizer Handelsregister eingetragene Gesellschaften* – Schweizer Gesellschaften ohne Eintragungspflicht oder -recht, ausländische Gesellschaften – richtet sich der bezügliche Schutz nach den Regeln über den *unlauteren Wettbewerb* bzw. den *Persönlichkeitsschutz* (Art. 132 ff. IPRG).

dd) Vertretungsrecht

Der Umfang des Vertretungsrechts der für die Gesellschaft auftretenden Personen – Vertretungsmacht und Vertretungsbefugnis – folgt in erster Linie dem *Gesellschaftsstatut.* Nach *Art. 158 IPRG* kann sich eine Gesellschaft jedoch – ähnlich wie in Art. 36 IPRG bezüglich den natürlichen Personen – nicht auf Beschränkungen des Vertretungsrechtes eines Organs oder eines Vertreters berufen, die dem *Recht des Staates des gewöhnlichen Aufenthalts* oder *der Niederlassung* der *anderen Partei unbekannt* sind. Ausgenommen bleiben Fälle, in denen die andere Partei diese Beschränkung gekannt hat oder hätte kennen müssen. In der Schweiz darf somit grundsätzlich darauf *vertraut* werden, dass dem Verwaltungsrat einer ausländischen Gesellschaft ein Vertretungsrecht im Umfang von Art. 718 ff. OR zukommt.

ee) Verantwortlichkeit

Führt eine *Gesellschaft,* die im Ausland inkorporiert ist, ihre *Geschäfte in der Schweiz* oder *von der Schweiz aus,* untersteht gemäss *Art. 159 IPRG* die Haftung der für sie handelnden Personen schweizerischem Recht. Damit gemeint ist die persönliche Haftung der

Organe für pflichtwidriges Verhalten *(Verantwortlichkeit)*. Nicht unter die Vorschrift fällt die Haftung der Gesellschaft für das Verhalten ihrer Organe *(Organhaftung i.e.S.)*. Letztere richtet sich nach dem *Deliktsstatut*, wobei insoweit wiederum umstritten ist, ob der Organbegriff dem Delikts- (Art. 142 Abs. 1 IPRG) oder dem Gesellschaftsstatut (Art. 154 IPRG) zu entnehmen ist.

ff) Zweigniederlassung

Art. *160 Abs. 1 IPRG* gewährt ausländischen Gesellschaften das *Recht*, in der Schweiz eine Zweigniederlassung zu führen. Letztere untersteht den Vorschriften des *schweizerischen Rechts*. Dies gilt namentlich auch für die Vertretungsmacht für eine Zweigniederlassung, wobei mindestens eine zur Vertretung befugte Person *in der Schweiz Wohnsitz* haben und ins *hiesige Handelsregister* eingetragen werden muss (Art. 160 Abs. 2 IPRG). Für die Einzelheiten der Eintragungspflicht ist die Handelsregisterverordnung zu beachten (Art. 160 Abs. 3 IPRG).

d) Anerkennung und Vollstreckung

Gesellschaftsrechtliche Entscheidungen aus einem LugÜ-Staat sind nach den Vorschriften von *Art. 32 ff. LugÜ* in der Schweiz anzuerkennen bzw. zu vollstrecken. In *Abweichung zur allgemeinen Regel* gilt hinsichtlich der in *Art. 22 Ziff. 2 LugÜ* aufgeführten Klagen eine Pflicht zur *Nachprüfung der indirekten Zuständigkeit* des Erkenntnisgerichts (Art. 35 Abs. 1 LugÜ).

Hinsichtlich Entscheidungen aus LugÜ-Drittstaaten sind die Art. 25 ff. i.V.m. *Art. 165 IPRG* einschlägig. Danach besteht in erster Linie eine indirekte Zuständigkeit der Gerichte im Sitz- bzw. Wohnsitzstaat des Beklagten. Die indirekte Zuständigkeit der Gerichte am ausländischen Ausgabeort eines Prospektes steht unter dem Vorbehalt, dass die beklagte Partei bei Anhängigmachung des ausländischen Verfahrens (Rechtshängigkeit) ihren Sitz nicht in der Schweiz hatte (vgl. Art. 165 Abs. 2 IPRG).

2. Exkurs: Transaktionen

a) Share Deal

Der Kauf von Aktien und anderen Beteiligungen richtet sich – was das *Verpflichtungsgeschäft* anbelangt – nach dem *Vertragsstatut* (Art. 116 f. IPRG). Das Haager Kaufrechtsübereinkommen (Art. 1 Abs. 2) und das CISG (Art. 2 lit. d) finden keine Anwendung. Für das *Verfügungsgeschäft* gilt herkömmlicherweise das *Sachenrechts-* oder das *Zessionsstatut*, je nachdem, ob das Anteilsrecht in einem Wertpapier *verbrieft ist oder nicht*. Bei intermediär verwahrten Wertpapieren sind die Art. 108a ff. IPRG zu beachten.

b) Sitzverlegung

Die Verlegung des Gesellschaftssitzes von einem Staat in einen andern hat grundsätzlich einen *Statutenwechsel* (vgl. S. 52 f.) zur Folge. *De facto* muss die Gesellschaft liquidiert und am neuen Ort neu gegründet werden. Eine *Sitzverlegung ohne Liquidation* ist – jedenfalls theoretisch – nach den Vorschriften von Art. 161 ff. IPRG möglich. Sie scheitert freilich in der Regel an den steuerrechtlichen Konsequenzen.

Eine *Sitzverlegung vom Ausland in die Schweiz* ist nach *Art. 161 f. IPRG kumulativ* an folgende Voraussetzungen geknüpft:

- der Wegzug ohne Liquidation muss nach dem betreffenden ausländischen Recht zulässig sein;
- die Voraussetzungen des ausländischen Rechts müssen erfüllt sein;
- die Anpassung an eine schweizerische Rechtsform muss möglich sein;
- die Gesellschaft muss den Mittelpunkt der Geschäftstätigkeit in die Schweiz verlegen;

- die massgeblichen Dokumente (z.B. Statuten) sind an das schweizerische Recht anzupassen und es ist die Eintragung ins Schweizer Handelsregister vorzunehmen;
- bei Kapitalgesellschaften muss vor der Eintragung im Handelsregister durch Bericht eines zugelassenen Revisionsexperten nach Schweizer Revisionsaufsichtsrecht die Deckung des Grundkapitals nach schweizerischem Recht bestätigt werden.

Eine vergleichbare *Übersiedlung* einer *Schweizer Gesellschaft ins Ausland* ohne Liquidation ist unter den in *Art. 163 IPRG* genannten Bedingungen möglich:

- Erfüllung der Voraussetzungen nach schweizerischem Recht;
- Fortbestand der Gesellschaft nach ausländischem Recht;
- Schuldenaufruf sowie gegebenenfalls Sicherstellung und Befriedigung der Gesellschaftsgläubiger.

c) Fusion

Eine *Immigrationsfusion* – d.h. die Übernahme bzw. der Zusammenschluss mit einer schweizerischen Gesellschaft unter Wegfall der ausländischen Gesellschaft – ist nach *Art. 163a IPRG* zulässig, wenn das betreffende ausländische Recht dies gestattet und dessen Voraussetzungen erfüllt sind. Die Fusion selbst untersteht den Vorschriften des *schweizerischen Rechts.*

Die *Emigrationsfusion* – d.h. die Übernahme bzw. der Zusammenschluss mit einer ausländischen Gesellschaft unter Wegfall einer schweizerischen Gesellschaft – ist möglich, wenn nachgewiesen wird, dass:

- mit der Fusion die Aktiven und Passiven auf die ausländische Gesellschaft übergehen;
- die Anteils- oder Mitgliedschaftsrechte in der ausländischen Gesellschaft angemessen gewahrt bleiben;

- die Schweizer Vorschriften für übertragende Gesellschaften erfüllt sind;
- ein Schuldenruf durchgeführt wurde und allfällige Ansprüche der Gläubiger sichergestellt bzw. befriedigt wurden.

Im Übrigen untersteht die Fusion dem betreffenden *ausländischen Recht* (vgl. *Art. 163b IPRG)*.

Davon gesondert angeknüpft wird nach *Art. 163c IPRG* der *Fusionsvertrag*. Dieser untersteht dem von den Parteien *gewählten Recht*. Bei der objektiven Anknüpfung wird das nächst verbundene Recht berufen, wobei vermutet wird, dass dieses das *Recht der übernehmenden Gesellschaft* sei. Zu beachten sind in beiden Fällen die zwingenden Vorschriften der beteiligten Rechtsordnungen mit Einschluss der dort geltenden Formvorschriften. Dies umfasst *sämtliche zwingenden Normen* des materiellen Rechts und nicht etwa nur international zwingendes Recht i.S.v. Art. 18 f. IPRG.

d) Spaltung und Vermögensübertragung

Die Vorschriften über die Fusion finden *sinngemäss* auch auf die grenzüberschreitende Spaltung und Vermögensübertragung Anwendung *(Art. 163d Abs. 1 IPRG)*. Entsprechend muss zwischen einer *Immigrationsspaltung bzw. -vermögensübertragung* und einer *Emigrationsspaltung bzw. -vermögensübertragung* unterschieden werden. Grundsätzlich massgeblich ist das Recht der sich spaltenden bzw. der ihr Vermögen auf einen anderen Rechtsträger übertragenden Gesellschaft (Art. 163d Abs. 2 IPRG). Für den *Spaltungs- bzw. Übertragungsvertrag* gilt sinngemäss das für den Fusionsvertrag Ausgeführte. Engst verbundenes Recht ist vermutungsweise das Recht der sich spaltenden Gesellschaft bzw. der übertragenden Gesellschaft (Art. 163d Abs. 3 IPRG).

e) Anerkennung und Vollstreckung

Finden die Sitzverlegung, die Fusion, die Spaltung oder die Vermögensübertragung im Ausland statt (d.h. im Verhältnis zwischen zwei ausländischen Staaten A und B), wird die jeweilige Transaktion in der Schweiz gemäss *Art. 164b IPRG* als gültig anerkannt, wenn sie *nach den beteiligten Rechtsordnungen gültig* ist.

Mangels vergleichbarer Regelung in ausländischen Kollisionsrechten kommt den fusionsrechtlichen Transaktionen – Fusion, Spaltung und Vermögensübertragung – im grenzüberschreitenden Rechtsverkehr kaum nennenswerte Bedeutung zu. Eine gewisse «Transaktionsoffenheit» besteht *de lege lata,* wenn überhaupt, im Verhältnis zu den Benelux-Staaten. Ganz überwiegend kommen im internationalen Verhältnis daher die herkömmlichen Transaktionsformen zum Tragen (Kauf von Aktien, Sachübernahme durch Singularsukzession).

3. Trusts

a) Grundlagen

Beim Trust handelt es sich um ein im *Common Law* entwickeltes Rechtsinstitut, bei dem die formelle und die materielle Eigentümerstellung im Hinblick auf ein bestimmtes Vermögen auseinanderfallen. Der Trust ist dem Schweizer (materiellen) Recht unbekannt. Ähnliche, wenngleich in verschiedener Hinsicht unterschiedliche Rechtsinstitute des Schweizer Rechts sind die Stiftung und die Treuhand.

Der Trust beruht auf einem *einseitigen Rechtsgeschäft* unter Lebenden oder von Todes wegen. Er wird in der Regel schriftlich errichtet. Dabei werden bestimmte Vermögenswerte einem *Trustee* formell zu Eigentum übertragen. Der Trust selbst ist *nicht rechtsfähig.* Das Trustvermögen bildet indes ein *Sondervermögen* des Trustees. Namentlich kann es im Insolvenzfall des Trustees ausgesondert werden, d.h., es fällt *nicht* in die Insolvenzmasse. Der Errichter des Trusts wird als *Settlor* bezeichnet. Die Begünstigten des Trusts gelten als *Beneficiaries.* Auch der Settlor und der Trustee können gegebenenfalls Begünstigte eines Trusts sein.

Die Schweiz kommt mit Trusts herkömmlicherweise dadurch in Berührung, dass das Trustvermögen sich z.B. bei einer *Schweizer Bank* befindet. Namentlich bei Insolvenz des Trustees stellt sich dann die Frage, wem aus Schweizer Sicht die betreffenden Vermögenswerte zustehen. Die damit verbundenen Unsicherheiten haben den Bankenplatz Schweiz zuweilen benachteiligt.

Aus diesem Grund ist die Schweiz dem *Haager Übereinkommen über das auf Trusts anzuwendende Recht und über ihre Anerkennung* vom 01.07.1985 (SR 0.221.371) beigetreten. Dessen Bestimmungen sind in der Schweiz zusammen mit *Art. 149a–e IPRG* am 01.07.2007 in Kraft getreten.

Mit dem Beitritt der Schweiz zum Haager Trust-Übereinkommen wird gewährleistet, dass im Ausland errichtete Trusts in der Schweiz *Anerkennung* finden. Weiter wird klargestellt, welchen Rechtsvorschriften Trusts unterstehen. Demgegenüber wird das Rechtsinstitut «Trust» nicht etwa ins schweizerische Recht eingeführt. Im Ergebnis wird damit in der Schweiz der Schutz von Trustvermögen vor unberechtigtem Zugriff Dritter – d.h. die Anerkennung des Trustvermögens als *Sondervermögen* – sichergestellt.

b) Zuständigkeit

Nach Art. 2 Abs. 1 LugÜ sind in erster Linie die *Gerichte im Wohnsitzstaat des Beklagten* zuständig. Werden sie in ihrer Funktion als Settlor, Trustee oder Beneficiary eines Trusts in Anspruch genommen, können die aufgeführten Personen daneben auch in dem Staat, in dem sich der *Sitz des Trusts* befindet, belangt werden *(Art. 5 Abs. 6 LugÜ).* Obwohl ein Trust keine Rechtspersönlichkeit aufweist, wird ihm ein Sitz zugesprochen. Dieser bestimmt sich gemäss Art. 60 Abs. 3 LugÜ nach den am Gerichtsort geltenden

Vorschriften des Internationalen Privatrechts. In der Schweiz findet Art. 21 Abs. 3 IPRG Anwendung. Als Sitz eines Trusts gilt danach der in den Bestimmungen des Trusts schriftlich oder in anderer Form durch Text nachweisbar *bezeichnete Ort seiner Verwaltung.* Im Übrigen wird auf den tatsächlichen Ort der Verwaltung abgestellt. Schliesslich kann nach *Art. 23 Abs. 4 LugÜ* der *Gerichtsstand* in den *Trustbedingungen* schriftlich *festgelegt* werden.

Ausserhalb des LugÜ, d.h. mit Bezug auf Beklagte mit Wohnsitz bzw. Sitz in einem Drittstaat, bestimmt sich die Zuständigkeit der Schweizer Gerichte nach *Art. 149b IPRG.*

c) Anwendbares Recht

Art. 149c IPRG verweist auf die Vorschriften des *Haager Trust-Übereinkommens.* Nach dessen Art. 6 gilt in erster Linie *das vom Settlor gewählte Recht.* Mangels Rechtswahl findet nach Art. 7 das Recht Anwendung, mit dem der Trust in *engstem Bezug* steht. *Indizien* sind der vom Settlor bezeichnete Ort der Verwaltung des Trusts, die Belegenheit des Trustvermögens, der gewöhnliche Aufenthalt oder die Niederlassung des Trustees sowie der Ort, an dem sich die Zwecke des Trusts verwirklichen sollen.

Nach den Bestimmungen von Art. 15 Haager Trust-Übereinkommen bleiben *zwingende Normen* insbes. des Personen-, Ehe-, Erb- und Sachenrechtsstatuts vorbehalten. Entsprechend kann aus Schweizer Sicht z.B. verhindert werden, dass durch die Errichtung eines Trusts *Pflichtteilsansprüche* nach Schweizer Recht umgangen werden.

Das Haager Trust-Übereinkommen enthält schliesslich allgemeine Vorbehalte zum *Eingriffsrecht* und zum *Ordre public.*

d) Anerkennung und Vollstreckung

Ausländische Entscheidungen in trustrechtlichen Angelegenheiten unterstehen der weit gefassten indirekten Zuständigkeit gemäss Art. 149e IPRG.

§ 3 Personenrecht

1. Grundlagen

Die Bestimmungen des IPRG über das Internationale Personenrecht - Art. 33–42 - finden auf *natürliche Personen* Anwendung; juristische Personen sind nach Art. 150 ff. IPRG zu beurteilen.

Nach der *Regelanknüpfung* von Art. 33 Abs. 1 letzter Teilsatz IPRG unterstehen personenrechtliche Fragestellungen dem *Wohnsitzrecht* der betreffenden Person. Zuständig sind die Schweizer Wohnsitzgerichte (Art. 33 Abs. 1 1. Teilsatz IPRG). Dem so umschriebenen Grundsatz kommt tatsächlich nur die Bedeutung einer Auffangregel zu. Für (die) wesentliche(n) Aspekte des Personenrechts - Rechtsfähigkeit, Handlungsfähigkeit, Name, Wohnsitz, Persönlichkeitsverletzung u.a. - sieht das Gesetz Sonderanknüpfungen vor. Die praktische Tragweite von Art. 33 Abs. 1 IPRG bleibt daher beschränkt (z.B. Klage auf Feststellung des Geschlechtes nach einer Geschlechtsumwandlung).

2. Rechtsfähigkeit

Die *Rechtsfähigkeit* von natürlichen Personen bemisst sich in allen Fällen nach Schweizer Recht: Art. 34 Abs. 1 IPRG. Die einseitige Verweisung trägt dem Umstand Rechnung, dass die Rechtsfähigkeit nicht verhandelbar ist. Dem Schweizer Recht kommt insoweit - insgesamt - *Ordre-public-ähnlicher Charakter* zu, weshalb von einer allseitigen Kollisionsnorm abgesehen wurde.

Wann die *Persönlichkeit* und mithin das *Leben beginnt* und wann es *endet*, beurteilt sich akzessorisch nach dem Recht des Rechtsverhältnisses, dass die Rechtsfähigkeit voraussetzt (Art. 34 Abs. 2 IPRG). Die Vorschrift kommt etwa im Erbrecht zum Tragen, wenn festzustellen ist, ob ein ungeborenes Kind erbfähig ist oder wenn der Todeszeitpunkt zu bestimmen ist, weil mehrere Personen in einen tödlichen Unfall verwickelt wurden und unklar bleibt, in welcher Reihenfolge sie verstorben sind.

3. Handlungsfähigkeit

Die *Handlungsfähigkeit* einer natürlichen Person untersteht nach Art. 35 1. Satz IPRG dem Wohnsitzrecht. Die einmal erlangte Handlungsfähigkeit fällt nicht bloss deshalb dahin, weil der Wohnsitz gewechselt wird. Zieht eine in der Schweiz wohnhafte 19-jährige Person in einen Staat, der die Handlungsfähigkeit erst mit 20 Jahren einräumt, bleibt die Handlungsfähigkeit nach Art. 35 2. Satz IPRG aus Schweizer Sicht gleichwohl bestehen. Ausnahmsweise wird – zum *Schutz des Rechtsverkehrs* – die Handlungsfähigkeit an den Ort des rechtsgeschäftlichen Auftretens angeknüpft, wenn der Geschäftspartner nicht mit der Anwendung allfällig strengerer Regeln eines ausländischen Wohnsitzrechts rechnen musste (Art. 36 IPRG). Wer in der Schweiz am Bahnhofskiosk einem Jugendlichen eine Zeitschrift verkauft, darf auf die Handlungsfähigkeit in Bezug auf den Arbeitserlös oder das Taschengeld vertrauen und braucht allenfalls strengere Vorschriften eines ausländischen Wohnsitzrechts nicht zu fürchten.

4. Name

Nach Art. 37 Abs. 1 1. Teilsatz IPRG wird der *Name* einer natürlichen Person deren Wohnsitzrecht unterstellt. Entscheidend ist, wo die jeweilige Person im Zeitpunkt wohnt, in dem das Gesetz eine Folge für die Namensgebung vorsieht (z.B. Geburt, Eheschliessung, Scheidung, Adoption u.a.). Ausnahmsweise darf nach der Rechtsprechung auch auf das künftige Wohnsitzrecht abgestellt werden, wenn z.B. im Zusammenhang mit einem Statusakt ein Wohnsitzwechsel unmittelbar bevorsteht (z.B. die Brautleute werden nach der Eheschliessung beide in die Schweiz ziehen).

Soweit es *Personen mit Wohnsitz im Ausland* betrifft, sieht Art. 37 Abs. 1 2. Teilsatz IPRG eine *Gesamtverweisung* vor. Berufen wird das ausländische Wohnsitzrecht unter Einschluss der Vorschriften über das Internationale Privatrecht. Eine Rückverweisung auf das Schweizer Recht und eine Weiterverweisung auf ein Drittrecht sind zu beachten.

Personen mit *ausländischer Staatsangehörigkeit* steht nach Art. 37 Abs. 2 IPRG sodann die *Wahl* offen, ihren Namen ihrem *Heimatrecht* zu unterstellen. Bei Mehrstaatern ist die effektive Staatsangehörigkeit massgeblich (Art. 23 Abs. 2 IPRG). Mit dem wohl überwiegenden Teil der Lehre ist insoweit von einer *Sachnormverweisung* auszugehen.

Die *Namensänderung auf Gesuch* richtet sich nach Art. 38 IPRG. Zuständig sind die Schweizer Wohnsitzbehörden des Gesuchstellers (Abs. 1). Bei Auslandschweizern kann das Gesuch bei den Behörden des Heimatkantons gestellt werden (Abs. 2). Das Gesuch beurteilt sich in allen Fällen nach Schweizer Recht (Abs. 3). Damit kommt die *restriktive Rechtsprechung* des Schweizerischen Bundesgerichts zur Namensänderung auch im internationalen Verhältnis zum Tragen.

Ist die *Namensänderung im Ausland* erfolgt, wird sie nach Art. 39 IPRG in der Schweiz anerkannt, wenn sie im Wohnsitz- oder im Heimatstaat des Gesuchstellers gültig ist. Bei Mehrstaatern genügt die Gültigkeit in einem der Heimatstaaten.

Die *Namensführung* erfolgt in allen Fällen nach den Regeln des Schweizer Zivilstandsregisterrechts: Art. 40 IPRG. Es gilt der europäische Standardzeichensatz, Zusätze ohne Namensfunktion werden nicht eingetragen (z.B. das im Spanischen gebräuchliche «y» als Einschub zwischen zwei Namensteilen), ebensowenig Abstammungshinweise. Vgl. weiterführend BSK IPRG-GEISER/JAMETTI Art. 40 Rz. 4 ff., unter Hinweis auf die einschlägigen Kreisschreiben des EJPD.

Im Bereich des Internationalen Namensrechts gewinnt zunehmend die Rechtsprechung des Europäischen Gerichtshofs für Menschenrechte (EGMR) zu *Art. 8 EMRK* an Bedeutung. Danach gilt der Name als zentraler Bestandteil der Persönlichkeit, der nur beschränkt zum Spielball der kollisionsrechtlichen Verweisung werden darf.

5. Verschollenerklärung

Verschwindet eine Person unter gefährlichen Umständen oder für lange Zeit, sodass ihr Versterben wahrscheinlich ist, bedarf es nach Schweizer Rechtsauffassung einer formellen *Verschollenerklärung, damit die rechtlichen Folgen des Todes eintreten* – so insbesondere die Eröffnung des Erbgangs. Ohne den Leichnam des Verstorbenen treten von Gesetzes wegen keine Todesfolgen ein.

Nach Art. 41 Abs. 1 IPRG sind im internationalen Verhältnis – so etwa wenn eine Person in den Regenwäldern Südamerikas verschwunden ist – die Schweizer Behörden am letzten bekannten Wohnsitz für die Verschollenerklärung zuständig. Im Sinne einer Notzuständigkeit sind die Schweizer Behörden nach Art. 41 Abs. 2 IPRG immer zuständig, wenn ein schützenswertes Interesse besteht. Dies ist etwa hinsichtlich in der Schweiz belegener Vermögenswerte denkbar, wenn im Ausland keine in der Schweiz anerkennbare Verschollenerklärung bewirkt werden kann, da andernfalls der Zugang zu den hier belegenen Vermögenswerten verwehrt bliebe.

Die Verschollenerklärung untersteht nach Art. 41 Abs. 3 IPRG dem *Schweizer Recht.*

Eine im Ausland ausgesprochene Verschollen- oder Todesfallerklärung wird in der Schweiz anerkannt, wenn sie von den Behörden des letzten bekannten Wohnsitzstaates oder des Heimatstaates der verschwundenen Person ausgestellt wurde (Art. 42 IPRG).

6. Weiteres

Für den Wohnsitz, den gewöhnlichen Aufenthalt, den schlichten Aufenthalt, die Staatsangehörigkeit sowie die Staatenlosigkeit und den Flüchtlingsstatus gelten die Sonderregelungen von Art. 20, 22, 23 und 24 IPRG (vgl. S. 17 ff.).

Ansprüche aus Persönlichkeitsverletzung unterstehen den Vorschriften des IPRG über die unerlaubte Handlung (Art. 33 Abs. 2 i.V.m. Art. 129 ff. IPRG; vgl. S. 39 ff.).

§ 4 Familienrecht sowie Kindes- und Erwachsenenschutz

1. Grundlagen

Das Internationale Familienrecht umfasst die Bestimmungen über die *Ehe* – Eheschliessung (Art. 43–45a IPRG), Wirkungen der Ehe im Allgemeinen (Art. 46–50 IPRG), Ehegüterrecht (Art. 51–58 IPRG) sowie Scheidung und Trennung (Art. 59–65 IPRG) – und das *Kindesrecht* – Entstehung des Kindesverhältnisses (Art. 66–78 IPRG) sowie Wirkungen des Kindesverhältnisses (Art. 79–84 IPRG). Ihnen folgen die Vorschriften über den *Kindes- und Erwachsenenschutz*: Art. 85 IPRG. Im Rahmen einer Revision des IPRG im Jahr 2004 hinzugekommen sind Regelungen über die *eingetragene Partnerschaft* (Art. 65a–65d IPRG).

2. Eheschliessung

Nach Art. 43 Abs. 1 IPRG kann in der Schweiz die Ehe geschlossen werden, wenn wenigstens einer der Brautleute in der Schweiz wohnt oder über die Schweizer Staatsangehörigkeit verfügt. Im Übrigen – d.h. für ausländische Staatsangehörige ohne Wohnsitz in der Schweiz – bedarf es für eine Eheschliessung in der Schweiz einer vorgängigen Bewilligung durch die zuständigen Zivilstandsbehörden, wobei zwingend vorausgesetzt wird, dass die Ehe im ausländischen Wohnsitz- *oder* Heimatstaat *beider* Brautleute anerkannt wird (Art. 43 Abs. 2 IPRG). Es besteht kein Anspruch auf Bewilligungserteilung. Jedoch besteht auch kein Grund für eine restriktive Handhabung, wenn die Anerkennung der Eheschliessung im Wohnsitz- oder Heimatstaat der Brautleute gewährleistet ist. Die Bewilligung darf nicht ausschliesslich deshalb verweigert werden, weil eine in der Schweiz ausgesprochene oder anerkannte Scheidung im Ausland nicht anerkannt wird (Art. 43 Abs. 3 IPRG). Der Gesetzgeber trägt insoweit dem Grundsatz der Ehe- bzw. der Scheidungsfreiheit und mithin dem *Ordre public* Rechnung.

Die so umschriebene Zuständigkeitsordnung für Eheschliessungen in der Schweiz macht deutlich, dass die Schweiz kein Hafen für kurzentschlossene, heiratswillige Ferienreisende sein will, auch wenn die Kulissen – Jungfraujoch, Vierwaldstättersee u.v.m. – durchaus mit ausländischen «Heiratsparadiesen» wie Las Vegas oder die Karibik mithalten können. Eine «Touristenhochzeit» in der Schweiz will geplant sein. Dem Gesetzgeber ist der internationale Entscheideinklang wichtig. Im Bewusstsein um die Bedeutung des Instituts der Ehe ist er bestrebt, «hinkende» Ehen zu verhindern. Anders als sonst im IPRG wird daher bei der Zuständigkeit danach gefragt, ob die in der Schweiz getroffene Anordnung im Ausland Anerkennung findet.

Auf die Eheschliessung findet *Schweizer Recht* Anwendung (Art. 44 IPRG). Die frühere Regelung, wonach bei gemeinsamer ausländischer Staatsangehörigkeit der Brautleute gegebenenfalls weniger strenge Eheschliessungsvoraussetzungen des gemeinsamen Heimatrechts zum Tragen kommen konnten (z.B. bezüglich Alter oder Verwandtschaft der Brautleute), wurde mangels Praxisrelevanz und zur Vereinfachung des Zivilstandswesens im Rahmen einer Revision des IPRG im Jahr 2012 gestrichen.

Die *Anerkennung* von im Ausland geschlossenen Ehen erfährt in Art. 45 IPRG eine grosszügige Regelung. Vorausgesetzt wird lediglich, dass die Eheschliessung im Ausland gültig erfolgt ist. Der Gesetzgeber ist erneut darum bemüht, «hinkende» Rechtsverhältnisse zu vermeiden. Spontane Heiratswünsche von Schweizer Touristen in ausländischen «Heiratsparadiesen» zeigen auf diese Weise in der Schweiz also durchaus Wirkungen. Eine gewisse Unklarheit besteht mit Bezug auf die indirekte Zuständigkeit. Während unbestritten ist, dass eine am Ort der Eheschliessung gültige Heirat jedenfalls beachtlich ist, bleibt offen, ob es auch ausreicht, wenn eine am Eheschliessungsort an sich unbeachtliche Heirat im ausländischen Wohnsitz- oder Heimatstaat der Brautleute als gültig geschlossen gilt. Aus Gründen des internationalen Entscheideinklangs dürfte sich auch in solchen Fällen eine grosszügige Auslegung von Art. 45 Abs. 1 IPRG aufdrängen.

Die Aufnahme einer besonderen Vorschrift über die Ungültigkeitserklärung der Ehe in Art. 45a IPRG im Rahmen des Bundesgesetzes über Massnahmen gegen Zwangsheiraten im Jahr 2012 hat zu einer gewissen Unübersichtlichkeit hinsichtlich der Gründe geführt, unter denen die Anerkennung einer im Ausland gültig geschlossenen Ehe verweigert werden darf. Im Wesentlichen gestaltet sich die Rechtslage wie folgt:

1. Falls Brautleute, von denen einer Schweizer Staatsangehöriger ist oder welche beide in der Schweiz wohnen, die Ehe mit der offensichtlichen Absicht im Ausland geschlossen haben, die *Schweizer Vorschriften über die Ehegültigkeit zu umgehen,* ist die Anerkennung nach Art. 45 Abs. 2 IPRG zu verweigern. Eine eigentliche Verletzung des materiellen Schweizer *Ordre public* – wie sie z.B. bei einer Ehe zwischen zwei Brautleuten im Alter von 17 Jahren zu verneinen wäre – ist nicht erforderlich. Die Rechtsumgehung selbst, stellt *ex lege* eine *Ordre-public-Widrigkeit* dar.

2. Die Anerkennung der im Ausland gültig geschlossenen Ehe ist nach Art. 27 IPRG wegen Verletzung des Schweizer *Ordre public* zu verweigern, wenn sich die *Ordre-public-Widrigkeit* im Anerkennungsverfahren *zweifelsfrei und ohne grösseren Aufwand feststellen lässt* (z.B. Eheschliessung eines 8-jährigen Kindes, Heirat zwischen einem Vater und seiner leiblichen Tochter).
3. Lässt sich der *Ordre-public-Verstoss* nicht zweifelsfrei auf einfache Weise im Anerkennungsverfahren feststellen, ist die im Ausland gültig geschlossene Ehe mit entsprechendem Vermerk im Zivilstandsregister in der Schweiz anzuerkennen und hat die Anerkennungsbehörde der zuständigen kantonalen Behörde den Fall zur Prüfung weiterzuleiten, ob eine *Klage auf Ungültigerklärung* der Ehe im Sinne von Art. 45a IPRG zu erheben sei. Auf diese Weise wird sichergestellt, dass die nicht zweifelsfreie Sach- und Rechtslage in einem ordentlichen Verfahren gemäss Zivilprozessordnung geklärt wird. Zu denken ist etwa an Sachverhalte, in denen nicht ohne Weiteres feststeht, ob ein Ehegatte zur Eheschliessung gezwungen wurde oder ob eine Ehe nur aus ausländerrechtlichen Gründen eingegangen wurde.

Die Klage auf Ungültigerklärung der Ehe untersteht *Schweizer Recht* (Art. 45a Abs. 2 IPRG). Aufgrund der Verweisung in Art. 45a Abs. 3 IPRG gelangen im Übrigen – vorsorgliche Massnahmen, Nebenfolgen – die Bestimmungen des Scheidungsrechts zur Anwendung (Art. 62–64 IPRG, vgl. S. 81 ff.).

3. Wirkungen der Ehe im Allgemeinen

Art. 46 IPRG regelt die *Zuständigkeit* für Klagen und Massnahmen betreffend die ehelichen Rechte und Pflichten im Allgemeinen. In der Praxis im Vordergrund stehen *Eheschutzverfahren* im Sinne von Art. 172 ff. ZGB. Insoweit besteht eine Schweizer Zuständigkeit am Wohnsitz und subsidiär am gewöhnlichen Aufenthalt eines jeden Ehegatten. Im Sinne einer Notzuständigkeit besteht nach Art. 47 IPRG eine Schweizer Zuständigkeit am Heimatort eines Ehegatten, wenn eine entsprechende Klage im ausländischen Wohnsitz- oder gewöhnlichen Aufenthaltsstaat der Ehegatten unmöglich oder unzumutbar ist.

Gegebenenfalls sind vorrangig staatsvertragliche Zuständigkeitsvorschriften zu beachten, so namentlich das LugÜ, wenn Unterhaltsansprüche geltend gemacht werden (Art. 2 Abs. 1, Art. 5 Ziff. 2 LugÜ) und das Haager Kindesschutzübereinkommen (Art. 5 ff.), wenn zugleich Begehren betreffend die Obhut für und den persönlichen Umgang mit einem Kind gestellt werden. Die staatsvertraglichen Regelungen verdrängen insoweit Art. 46 f. IPRG, welche für die sonstigen Belange des Eheschutzverfahrens (z.B. Feststellung des Getrenntlebens, güterrechtliche Begehren [vgl. Art. 51 lit. c IPRG]) massgeblich bleiben.

Die Rechte und Pflichten der Ehegatten unterstehen ihrem *gemeinsamen Wohnsitzrecht* (Art. 48 Abs. 1 IPRG). Wohnen die Ehegatten nicht im gleichen Staat, ist nach Art. 48 Abs. 2 IPRG das Wohnsitzrecht des Ehegatten anzuwenden, zu dem der Sachverhalt in engerer Beziehung steht. Die Regelung ist ein Anschauungsbeispiel für das im IPRG allgemein verfolgte Ziel der Anknüpfung an das Recht mit dem engsten Sachzusammenhang (*kollisionsrechtliche Gerechtigkeit*). Vorliegend dürfte sie i.d.R. zur Anwendung des Rechts des Staates führen, in dem die Ehegatten früher gemeinsam gewohnt oder sich überwiegend gemeinsam aufgehalten haben, auch wenn nunmehr nur noch ein Ehegatte im betreffenden Staat lebt.

Wesentliche, in Eheschutzverfahren im Allgemeinen zu regelnde Fragestellungen unterstehen staatsvertraglichen Bestimmungen. Für den Unterhalt gilt es das *Haager Unterhaltsübereinkommen* zu beachten. Das Übereinkommen ist als *Erga-omnes-Regelung* ausgestaltet und verdrängt das IPRG (Art. 49 IPRG). Einschlägig ist – sowohl für die Unterhaltsansprüche der Ehegatten als auch für den Kindesunterhalt – die Kaskadenanknüpfung von Art. 4–6 des Übereinkommens. Massgeblich ist das Recht am gewöhnlichen Aufenthalt des Berechtigten. Sieht dieses keine Ansprüche vor, wird das gemeinsame Heimatrecht der Parteien berufen. Kann danach kein Unterhalt geltend gemacht werden, findet das Recht am Gerichtsort Anwendung. Berufen wird nicht das aus Sicht des Berechtigten günstigste Recht. Entscheidend ist, ob das berufene Recht überhaupt Unterhalt zuspricht. Schranke bilden Unterhaltsansprüche, die derart marginal ausfallen, dass eine *Ordre-public-Verletzung* anzunehmen ist (Art. 11 des Übereinkommens). In Kinderbelangen ist regelmässig das *Haager Kindesschutzübereinkommen* zu beachten (Art. 15 ff.).

Ausländische Entscheidungen und Massnahmen über eheliche Rechte und Pflichten werden in der Schweiz *anerkannt und vollstreckt,* wenn sie im Wohnsitz- oder gewöhnlichen Aufenthaltsstaat eines Ehegatten ergangen sind (Art. 50 IPRG). Soweit es den Unterhalt oder Kindesschutzmassnahmen anbelangt, sind erneut vorrangig die einschlägigen staatsvertraglichen Vorschriften zu beachten (Art. 32 ff. LugÜ, Art. 23 ff. Haager Kindesschutzübereinkommen).

4. Güterrecht

a) Grundlagen

Das Internationale Güterrecht wird in Art. 51–58 IPRG geregelt. Mit Ausnahme weniger bilateraler Abkommen (vgl. z.B. das schweizerisch-iranische Niederlassungsabkommen vom 25.04.1934, SR 0.142.114.362) sind in diesem Bereich derzeit keine staatsvertraglichen Vorschriften zu beachten. Insbes. das Lugano-Übereinkommen findet nach Art. 1 Abs. 2 lit. a keine Anwendung.

Güterrecht ist Vermögensrecht. Es befasst sich mit den Auswirkungen der Ehe (Eheschliessung, während der Ehe, Aufhebung der Ehe) auf das Vermögen einer natürlichen Person. Die Bezüge des Güterrechts zum Familienrecht einerseits und zum Vermögensrecht andererseits gewichten die einzelnen Gesetzgeber unterschiedlich. So finden sich Rechtsordnungen, in denen das Güterrecht im IPR nicht gesondert geregelt, sondern den Vorschriften über das Internationale Schuldrecht unterstellt wird (so z.B. früher in Frankreich). Daraus folgt eine flexible, an der Parteiautonomie ausgerichtete Gestaltung des Internationalen Güterrechts. Andere Staaten gewichten den Bezug zum Familienrecht stärker. Daraus ergeben sich verhältnismässig starre Regeln des Internationalen Güterrechts. Die Schweiz geht einen Mittelweg: Der Parteiautonomie (Gerichtsstandsvereinbarung, Rechtswahl) wird zwar ein weites Feld geöffnet. Sie bleibt gleichwohl – verglichen mit dem Internationalen Schuldrecht – in mehrfacher Weise eingeschränkt (z.B. Inhalt und Form der Rechtswahl). Aus praktischer Sicht ist sodann Vorsicht angezeigt. Eine Rechtsplanung im Güter- und Erbrecht nach IPRG gibt immer nur die Schweizer Sicht wieder. Verändern sich im Laufe der Zeit die relevanten Anknüpfungsmerkmale (z.B. wechseln die Ehegatten oder auch nur ein Ehegatte den Wohnsitz oder die Staatsangehörigkeit), stellt sich die Frage, ob die einmal getroffenen Regelungen auch weiterhin Geltung haben. Soweit z.B. das ausländische Recht weniger flexibel ausgestaltet ist, wird es einer parteiautonomen Rechtsgestaltung nach IPRG wahrscheinlich keine Folge leisten. Den Parteien ist daher dringend zu empfehlen, ihre güter- und erbrechtlichen Anordnungen zu prüfen, wenn sie ihren Lebensmittelpunkt massgeblich verändern.

b) Zuständigkeit

Fragen des Güterrechts stellen sich vor allem bei Tod eines Ehegatten sowie bei Scheidung oder Trennung. Entsprechend sind nach Art. 51 lit. a und b IPRG die Nachlass- bzw. die Scheidungsgerichte auch für Entscheidungen über das Güterrecht zuständig. Im Übrigen wird auf die Zuständigkeit nach Art. 46 f. IPRG (Ehewirkungen) verwiesen (Art. 51 lit. c IPRG). Dies betrifft güterrechtliche Anordnungen namentlich in Eheschutzverfahren sowie Massnahmen nach Art. 185 ff. ZGB.

Nach IPRG zu beachten sind auch die Gerichtsstandsvereinbarung (Art. 5 IPRG) und die Einlassung (Art. 6 IPRG). Daher ist es z.B. möglich, in einem Güter- und Erbvertrag die Schweizer Zuständigkeit vorzubehalten. Ob sich ein ausländisches Scheidungsgericht an eine bezügliche Vereinbarung hält, ist freilich alles andere als gewiss.

c) Anwendbares Recht

aa) Subjektive Anknüpfung (Rechtswahl)

Nach Art. 52 Abs. 1 IPRG können die Ehegatten das auf die güterrechtlichen Verhältnisse anwendbare Recht wählen. Bei der Auswahl bestehen allerdings Schranken. Zur Wahl stehen nur das gemeinsame Wohnsitzrecht bei oder nach Eheschliessung sowie das jeweilige Heimatrecht (Art. 52 Abs. 2 IPRG). Die Rechtswahl bildet *in praxi* ganz überwiegend Gegenstand eines umfassenden Ehevertrags. Von Gesetzes wegen wäre freilich auch eine blosse Rechtswahlklausel ohne weitergehende Regelungen zulässig.

Die Rechtswahl hat grundsätzlich schriftlich zu erfolgen. Sie kann sich aber auch eindeutig aus dem Ehevertrag ergeben. Im Übrigen (Konsens, Willensmängel usw.) gilt das gewählte Recht (Art. 53 Abs. 1 IPRG). Der Gesetzgeber vermischt hier Fragen von Form und Konsens. Art. 53 Abs. 1 IPRG ist korrekt wie folgt zu lesen: Die Rechtswahl kann ausdrücklich sein (Rechtswahlklausel) oder sich eindeutig aus den Umständen ergeben (v.a. Bezugnahmen auf Vorschriften eines bestimmten Güterrechtes). Sie ist formgültig, wenn sie schriftlich abgefasst wurde. Bildet sie Gegenstand eines Ehevertrages, so ist sie überdies formgültig, wenn sie dem Recht des Ehevertrages oder dem Recht am Abschlussort des Ehevertrages entspricht (Art. 56 IPRG).

Die Rechtswahl kann jederzeit getroffen oder geändert werden. Eine nach Abschluss der Ehe getroffene Rechtswahl wirkt auf den Zeitpunkt der Eheschliessung zurück, soweit die Ehegatten nichts anderes vereinbaren. Letztere Vereinbarung hat den Modalitäten von Art. 53 Abs. 1 IPRG zu entsprechen. Das einmal gewählte Recht bleibt anwendbar, bis die Ehegatten ein anderes Recht wählen oder die Rechtswahl aufheben.

bb) Objektive Anknüpfung

Bei Fehlen einer (gültigen) Rechtswahl findet die Kaskadenanknüpfung von Art. 54 IPRG Anwendung. Danach gilt, in der genannten Reihenfolge:

1. das gemeinsame Wohnsitzrecht;
2. das letzte gemeinsame Wohnsitzrecht;
3. das gemeinsame Heimatrecht;
4. in Ermangelung aller dieser Anknüpfungen: Schweizer Recht, wobei das IPRG mangels Gemeinsamkeiten der Ehegatten die Gütertrennung anordnet.

Die Kaskadenanknüpfung lässt die Frage unbeantwortet, welches Recht zur Anwendung gelangt, wenn beide Ehegatten gemeinsam ihren Wohnsitz verlegen (die Ehegatten ziehen z.B. von Deutschland in die Schweiz). Nach Art. 55 IPRG gilt hier Folgendes:

1. Grundsatz: *effet rétroactif*.
   Danach findet das durch den Wohnsitzwechsel der Ehegatten neu berufene Güterrecht rückwirkend auf die gesamte Dauer der Ehe Anwendung (Art. 55 Abs. 1 Satz 1 IPRG).
2. Ausnahme: *effet immédiat*.
   Die Ehegatten können nach Art. 55 Abs. 1 Satz 2 IPRG die Rückwirkung durch schriftliche Vereinbarung ausschliessen. In diesem Fall gilt für die Zeit vor dem Wohnsitzwechsel das alte Recht (A) und für die Zeit nach dem Wohnsitzwechsel das neue Recht (B).
3. Ausnahme: *survie de la loi ancienne*.
   Soweit es die Parteien schriftlich vereinbaren oder wenn zwischen ihnen ein Ehevertrag besteht, gilt das alte Recht trotz Wohnsitzwechsel unverändert weiter (Art. 55 Abs. 2 IPRG).

Beispiel: Die Ehegatten verlegen ihren Wohnsitz von Deutschland in die Schweiz. Nach Art. 55 IPRG gilt Folgendes:

Effet rétroactif: Das Schweizer Recht findet auf die gesamte Ehedauer Anwendung und verdrängt das vormals massgebliche deutsche Recht.

Effet immédiat: Bei entsprechender Vereinbarung gilt bis zur Wohnsitzverlegung deutsches Güterrecht, danach gilt Schweizer Güterrecht. Bei Auflösung des Güterstands ist zunächst auf den Zeitpunkt des Wohnsitzwechsels hin eine güterrechtliche Auseinandersetzung nach deutschem Recht vorzunehmen. Die jeweiligen Vermögenswerte bilden Grundlage für die Errichtung des Güterstands nach Schweizer Recht.

Survie de la loi ancienne: Bei entsprechender Vereinbarung/Ehevertrag findet, trotz Wohnsitzwechsel in die Schweiz, für die gesamte Ehedauer deutsches Recht Anwendung.

cc) Rechtsverhältnisse mit Dritten

Dritte, welche mit einem oder beiden Ehegatten ein Rechtsverhältnis eingehen, sehen sich gewissen Einflüssen des Güterrechts ausgesetzt. Je nach Güterstand bestehen unterschiedliche Eigentumsverhältnisse (z.B. Alleineigentum oder Gesamteigentum), gelten andere Vertretungsregeln (z.B. ein Ehegatte kann den anderen von Gesetzes wegen vertreten) und/oder besteht anderes Haftungssubstrat (z.B. ein Ehegatte haftet für die Schulden des anderen Ehegatten mit seinem Privatvermögen). Entsprechende Auswirkungen sind für Dritte nur schwer erkennbar. Dies gilt umso mehr im internationalen Verhältnis, namentlich, wenn die Ehegatten das auf die güterrechtlichen Verhältnisse anwendbare Recht wählen können.

Art. 57 IPRG greift diese Problematik auf und trifft zum Schutz der Dritten folgende Regelung: Unabhängig von dem nach Art. 52–56 IPRG zwischen den Ehegatten anwendbaren Güterrecht unterstehen die Wirkungen des Güterstands auf das Rechtsverhältnis zwischen den Ehegatten und einem Dritten dem Recht des Staates, in dem der Ehegatte, der rechtsgeschäftlich aufgetreten ist (d.h. mit dem z.B. der Vertrag geschlossen wurde), im Zeitpunkt der Entstehung des Rechtsverhältnisses seinen Wohnsitz hatte. Es kommt mitunter zu einer *Spaltung des Ehegüterrechts* in ein Innen- und ein Aussenverhältnis. Das *güterrechtliche Innenverhältnis* bestimmt sich nach Art. 52–56 IPRG; das *güterrechtliche Aussenverhältnis* beurteilt sich nach Art. 57 Abs. 1 IPRG. Von dieser Spaltung ist nach Art. 57 Abs. 2 IPRG dort abzusehen, wo der Dritte im Zeitpunkt der Entstehung des Rechtsverhältnisses das nach Art. 52–56 IPRG im Innenverhältnis anwendbare Güterrecht kannte oder hätte kennen müssen.

d) Anerkennung und Vollstreckung

Die indirekte Zuständigkeit zum Erlass güterrechtlicher Entscheidungen wird primär angeknüpft (Art. 58 Abs. 2 IPRG): Steht die Entscheidung in Zusammenhang mit einem Eheschutzverfahren, einem Scheidungs- bzw. Trennungsverfahren oder einem Nachlassverfahren, so gelten die dortigen Vorschriften: Art. 50, Art. 65 oder Art. 96 IPRG. Handelt es sich ausnahmsweise um eine selbständige Entscheidung, wird sie nach Art. 58 Abs. 1 IPRG in der Schweiz anerkannt.

5. Scheidung und Trennung

a) Grundlagen

Mit Bezug auf die Scheidung und die Trennung (gemeint ist das als Alternative zur Scheidung ausgestaltete Rechtsinstitut, das eine definitive Aufhebung der ehelichen Gemeinschaft ohne Auflösung des Ehebandes begründet, und nicht etwa die faktische Trennung – d.h. das Getrenntleben –, das den Bestimmungen der Art. 46 ff. IPRG untersteht) gilt es die *Statusfrage* – die Scheidung – einerseits und die an die Scheidung anzuschliessenden *Nebenfolgen der Schei-*

dung andererseits zu unterscheiden. Erstere ist in Art. 59–61 IPRG geregelt. Zweitere sind Gegenstand von Art. 63 IPRG. In der Praxis ist zunächst immer danach zu fragen, ob die Ehe geschieden bzw. getrennt werden kann: Statusfrage. Nur wenn diese Frage zu bejahen ist, d.h. die Voraussetzungen für eine Scheidung gegeben sind (übereinstimmender Wille, Ablauf der Trennungsfrist, wichtiger Grund), sind die Nebenfolgen der Scheidung bzw. Trennung zu bestimmen. Dabei ist für jede Nebenfolge – nachehelicher Ehegattenunterhalt, Güterrecht, Vorsorgeausgleich, Name, Bürgerrecht u.a. – gesondert zu prüfen, ob das Schweizer Scheidungsgericht für die entsprechende Entscheidung zuständig ist und welches Recht zur Anwendung gelangt.

Für die Dauer des Scheidungsverfahrens wird sich – jedenfalls in strittigen Verhältnissen – nicht selten das Bedürfnis nach *vorsorglichen Massnahmen* ergeben. Diese sind in Art. 62 IPRG geregelt. Vor der Anhängigmachung des Scheidungs- bzw. Trennungsverfahrens getroffene Eheschutzmassnahmen (Art. 46 ff. IPRG) leben gemäss Schweizer Rechtsauffassung nach Einleitung des Scheidungs- bzw. Trennungsverfahrens unverändert als vorsorgliche Massnahmen weiter. Deren Abänderung oder Ergänzung im Rahmen des Scheidungsverfahrens untersteht alsdann aber der Vorschrift von Art. 62 IPRG.

Scheidungsurteile enthalten regelmässig Anordnungen, die lange in die Zukunft wirken (z.B. Unterhalt). Verändern sich die Verhältnisse nachträglich (z.B. die unterhaltspflichtige Partei verliert die Arbeitsstelle oder wird invalid), kann sich die Notwendigkeit einer *Abänderung des Scheidungsurteils* ergeben. Namentlich bei ausländischen Scheidungsurteilen kann sich sodann die Situation ergeben, dass nicht über alle aus Schweizer Sicht zwingend zu regelnden Nebenfolgen einer Scheidung bzw. Trennung entschieden wurde. Dann muss das Scheidungsurteil gegebenenfalls in der Schweiz *ergänzt* werden. Für beide Fragen – *Abänderung und Ergänzung eines Scheidungsurteils* – ist Art. 64 IPRG einschlägig.

b) Statusfrage

Das IPRG sieht in Art. 59 lit. a eine *Zuständigkeit* für Scheidungs- und Trennungsverfahren am Wohnsitz der beklagten Partei vor. Ausnahmsweise kann auch der Kläger an seinem Wohnsitz auf Scheidung bzw. Trennung klagen, wenn er sich vor Anhängigmachung des Verfahrens länger als ein Jahr in der Schweiz aufgehalten hat oder wenn er Schweizer Bürger ist. Bei der Scheidung auf gemeinsames Begehren genügt es, wenn einer der Ehegatten in der Schweiz Wohnsitz hat, haben es die Parteien insoweit doch *de facto* in der Hand, über die Parteirollen zu bestimmen (der im Ausland wohnhafte Ehegatte klagt gegen den in der Schweiz wohnenden Ehegatten; nach Eingang der Klage stellen die Ehegatten den Antrag auf Überführung des Klageverfahrens in ein Verfahren auf Scheidung auf gemeinsames Begehren). Art. 60 IPRG eröffnet sodann eine Schweizer Notzuständigkeit am Heimatort, wenn einer der Ehegatten Schweizer Bürger ist und die Klage auf Scheidung bzw. Trennung am jeweiligen (ausländischen) Wohnsitz der Ehegatten unmöglich oder unzumutbar ist.

Die Scheidung bzw. Trennung beurteilt sich gemäss Art. 61 IPRG nach *Schweizer Recht*. Die vormals geltende Regelung, wonach in Fällen, in denen nur ein Ehegatte in der Schweiz Wohnsitz hatte, das gemeinsame ausländische Heimatrecht zur Anwendung gelangte (Art. 61 Abs. 2 aIPRG), wird infolge einer Revision des IPRG (voraussichtlich) am 01.01.2017 entfallen. Die Neuordnung bezweckt einerseits eine Entlastung der Schweizer Gerichte, indem bei Scheidungen bzw. Trennungen nicht länger ausländisches Recht Beachtung finden kann, was bei einem hohen Anteil von Ehegatten mit ausländischer Staatsangehörigkeit in der Schweiz nicht selten der Fall gewesen ist. Andererseits konnte die in der Praxis als unbefriedigend empfundene Rechtslage, wonach der Vorsorgeausgleich als Scheidungs- bzw. Trennungsnebenfolge nach Art. 63 Abs. 2 IPRG akzessorisch einem ausländischen Scheidungsstatut unterstellt sein konnte, beseitigt werden. Neu untersteht der Vorsorgeausgleich nach Art. 63 Abs. 2 IPRG stets Schweizer Recht, weil auf die Scheidung immer Schweizer Recht Anwendung findet: Art. 61 IPRG. Auf diese Weise erklärt sich u.a. auch, weshalb sich der Schweizer Gesetzgeber gegen die Zulässigkeit einer Rechtswahl zugunsten des gemeinsamen Heimatrechts der Ehegatten ausgesprochen hat.

c) Nebenfolgen

Die Zuständigkeit und das anwendbare Recht für die Nebenfolgen der Scheidung bzw. Trennung bestimmen sich im Einzelnen wie folgt:

- *Nachehelicher Unterhalt:* Die Zuständigkeit richtet sich nach Art. 2 Abs. 1 und Art. 5 Ziff. 2 LugÜ (der Unterhaltsbeklagte wohnt in einem LugÜ-Staat) oder nach Art. 63 Abs. 1 IPRG (der Unterhaltsbeklagte wohnt in einem LugÜ-Drittstaat). In beiden Fällen wird die Zuständigkeit des Scheidungsgerichts eröffnet.

  Das auf den Unterhalt anwendbare Recht bestimmt sich nach Art. 8 des Haager Unterhaltsübereinkommens. Es gilt das auf die Scheidung bzw. Trennung angewendete Recht.

- *Güterrecht:* Das Scheidungsgericht ist nach Art. 63 Abs. 1/Art. 51 lit. b IPRG auch für die güterrechtliche Auseinandersetzung zuständig.

  Das anwendbare Recht beurteilt sich nach Art. 52 ff. IPRG (vgl. dazu S. 75 ff.).

- *Vorsorgeausgleich:* Art. 63 Abs. 1bis IPRG begründet eine ausschliessliche Zuständigkeit für die bei Schweizer Vorsorgeeinrichtungen belegenen Vorsorgeguthaben. Hinsichtlich Ansprüchen gegenüber ausländischen Vorsorgeeinrichtungen steht es den Parteien frei, die ausländische Zuständigkeit zu vereinbaren (Art. 5 IPRG). Andernfalls ist auch diesbezüglich das Schweizer Scheidungsgericht zuständig.

  Der Vorsorgeausgleich untersteht – sowohl bei Ansprüchen gegenüber inländischen als auch gegenüber ausländischen Vorsorgeeinrichtungen – nach Art. 63 Abs. 2 i.V.m. Art. 61 IPRG Schweizer Recht. Wird das Schweizer Urteil im Einzelfall voraussichtlich im Ausland keine Anwendung finden, soll der Schweizer Richter mit Bezug auf die ausländischen Vorsorgeguthaben eine Kapitalabfindung vorsehen. Gegebenenfalls ist der Vorsorgeausgleich *ad separatum* – in ein von der Scheidung und den übrigen Nebenfolgen separates Verfahren – zu verweisen und dieses zu sistieren, bis feststeht, wie die ausländischen Behörden die Teilung des ausländischen Vorsorgeguthabens vornehmen.

- *Kindesunterhalt:* Gemäss Art. 5 Ziff. 2 LugÜ/Art. 63 Abs. 1 IPRG ist eine Verbundszuständigkeit des Schweizer Scheidungsgerichts eröffnet.

  Das anwendbare Recht beurteilt sich nach Art. 4–6 des Haager Unterhaltsübereinkommens (vgl. dazu S. 72 f.). Ausnahmsweise kann das – ältere – Haager Kindesunterhaltsübereinkommen Anwendung finden.

- *Sorgerecht, persönlicher Umgang:* Art. 10 des Haager Kindesschutzübereinkommens sieht unter gewissen Voraussetzungen eine Zuständigkeit des Schweizer Scheidungsgerichts vor, auch wenn das betreffende Kind seinen gewöhnlichen Aufenthalt im Ausland hat. Im Übrigen ist das Schweizer Scheidungsgericht zuständig, wenn das Kind seinen gewöhnlichen Aufenthalt in der Schweiz hat (Art. 5 Haager Kindesschutzübereinkommen).

  Nach Art. 15 Abs. 1 des Haager Kindesschutzübereinkommens wendet das Schweizer Scheidungsgericht sein eigenes, d.h. das Schweizer Recht an.

- *Name:* Die Auswirkungen der Scheidung bzw. Trennung auf den Namen beurteilen sich nach Art. 37 IPRG (vgl. dazu S. 65 f.).

- *Gemeindebürgerrecht, übrige Nebenfolgen* (z.B. Zuweisung von Hausrat): Das Scheidungsgericht ist nach Art. 63 Abs. 1 IPRG für die übrigen Nebenfolgen der Scheidung bzw. Trennung zuständig. Es gilt nach Art. 63 Abs. 2 i.V.m. Art. 61 IPRG Schweizer Recht.

  Für das Schweizer Bürgerrecht ist das Bundesgesetz über Erwerb und Verlust des Schweizer Bürgerrechts einschlägig. Die Scheidung bzw. Trennung führt nicht zum Verlust des Schweizer Bürgerrechts. Vgl. im Übrigen Art. 22 IPRG.

d) Vorsorgliche Massnahmen

Das Schweizer Scheidungsgericht ist nach Art. 62 Abs. 1 IPRG auch für die Anordnung von vorsorglichen Massnahmen zuständig. Es betrifft dies einerseits die Regelung der Rechte und Pflichten der Ehegatten während des Scheidungsverfahrens (z.B. Unterhalt, Benutzung der gemeinsamen Wohnung, Kinderbelange usw.), andererseits die klassischen vorsorglichen Massnahmen (z.B. Anordnung einer Vermögenssperre) und die Geltendmachung von Informations- und Auskunftsansprüchen der Ehegatten. Die vorsorglichen Massnahmen unterstehen Schweizer Recht (Art. 62 Abs. 2 IPRG). Vorrangiges Staatsvertragsrecht ist zu beachten: vgl. Art. 62 Abs. 3 IPRG. Dies gilt auch für Fragen der Zuständigkeit (z.B. Anwendung der LugÜ bei Unterhaltsansprüchen oder des Haager Kindesschutzübereinkommens für Massnahmen des Kindesschutzes), wenngleich dies in Art. 62 Abs. 3 IPRG nicht ausdrücklich erwähnt wird.

Ausnahmsweise sind die Schweizer Gerichte auch bei ausländischem Scheidungsverfahren nach Art. 10 lit. b IPRG – Gerichtsstand am Vollstreckungsort – zum Erlass von vorsorglichen Massnahmen zuständig. Insoweit bedarf es eines besonderen Rechtsschutzbedürfnisses, das der Gesuchsteller glaubhaft zu machen hat. Das Bundesgericht bejaht ein solches in folgenden Sachverhaltskonstellationen (vgl. BGE 134 III 326, E. 3.5.1.):

- wenn das vom ausländischen Gericht anzuwendende Recht keine dem Art. 137 ZGB vergleichbare Regelung kennt;
- wenn Massnahmenentscheide des ausländischen Scheidungsgerichts am schweizerischen Wohnsitz der Partei(en) nicht vollstreckt werden können;
- wenn Massnahmen zur Sicherung künftiger Vollstreckung in Vermögensobjekte in der Schweiz angeordnet werden sollen;

- wenn Gefahr in Verzug ist;
- wenn man nicht damit rechnen kann, dass das ausländische Gericht innert angemessener Frist entscheidet.

e) Abänderung und Ergänzung

Die *Zuständigkeit* für die Abänderung und die Ergänzung eines Scheidungs- bzw. Trennungsurteils ist nach Art. 64 Abs. 1 IPRG gegeben, wenn entweder das Schweizer Gericht die Scheidung bzw. Trennung selbst ausgesprochen hat oder eine Zuständigkeit nach Art. 59 f. IPRG begründet ist. Soweit es Schweizer Vorsorgeguthaben anbelangt, besteht nach Art. 64 Abs. 1bis IPRG eine ausschliessliche Schweizer Zuständigkeit. Daraus folgt, dass ausländische Urteile mangels indirekter Zuständigkeit insoweit nicht anerkannt werden können. Es liegt mithin – zwangsläufig – eine Lücke vor, die zur Ergänzung des ausländischen Scheidungsurteils nach Schweizer Recht führt. Nimmt ein ausländisches Urteil aufgrund des Schweizer Vorsorgeguthabens in anderer Weise einen Ausgleich vor – z.B. zusätzliche güterrechtliche Ansprüche oder Unterhaltsansprüche –, muss dies vom Schweizer Gericht bei der Durchführung des Schweizer Vorsorgeausgleichs berücksichtigt werden.

Die Abänderung und die Ergänzung des Scheidungs- bzw. Trennungsurteils untersteht *Schweizer Recht* (Art. 64 Abs. 2 IPRG).

Anderweitige staatsvertragliche Bestimmungen bleiben, sowohl was die Zuständigkeit als auch was das anwendbare Recht anbelangt, vorbehalten.

f) Anerkennung und Vollstreckung ausländischer Scheidungsurteile

Die Anerkennung des ausländischen Scheidungs- bzw. Trennungsurteils beurteilt sich nach Art. 65 IPRG. Besonders zu erwähnen ist insoweit Art. 65 Abs. 2 lit. a IPRG, wonach eine Entscheidung, die in einem Staat ergangen ist, dem kein oder nur der klagende

Ehegatte angehört, in der Schweiz nicht anerkannt wird, wenn der beklagte Ehegatte bei Anhängigmachung des Verfahrens seinen *Wohnsitz in der Schweiz* hatte. Wie an anderer Stelle im IPRG auch, versucht hier der Gesetzgeber den in der Schweiz ansässigen Beklagten ihren Wohnsitzgerichtsstand zu gewährleisten.

Die Anerkennung und Vollstreckung von ausländischen Entscheidungen über die Nebenfolgen einer Scheidung oder Trennung beurteilt sich nach der jeweils einschlägigen Sonderregelung (z.B. Art. 32 ff. LugÜ für Unterhaltsentscheidungen, Art. 23 ff. Haager Kindesschutzübereinkommen für Massnahmen betreffend den Kindesschutz). Subsidiär, d.h. bei Fehlen einer besonderen Regelung (z.B. Zuteilung von Hausrat), gilt Art. 65 IPRG.

6. Eingetragene Partnerschaft

Mit Inkrafttreten des Partnerschaftsgesetzes am 01.01.2007 hat das Rechtsinstitut der eingetragenen Partnerschaft auch im IPRG eine besondere Regelung erfahren: Art. 65a–65d IPRG. In Art. 65a IPRG wird als Grundsatz festgehalten, dass die Vorschriften des IPRG über die Ehe auch auf die eingetragene Partnerschaft Anwendung finden. Eine Einschränkung besteht dahingehend, dass Ausländern ohne Wohnsitz in der Schweiz keine Möglichkeit eingeräumt wird, mittels vorgängiger Bewilligung eine eingetragene Partnerschaft in der Schweiz einzugehen (Art. 65a unter Hinweis auf Art. 43 Abs. 2 IPRG). Daneben bestehen verschiedene Weiterungen, die dem Umstand Rechnung tragen, dass das Rechtsinstitut der eingetragenen Partnerschaft im Ausland nicht überall bekannt ist oder Anerkennung findet:

- Schweizer (Not-)Zuständigkeit am Eintragungsort für die Auflösung der Partnerschaft, wenn die Partnerschaft im ausländischen Wohnsitzstaat beider Partner unmöglich oder unzumutbar ist (Art. 65b IPRG);

- Anwendung von Schweizer Recht, wenn das nach den Vorschriften des Eherechts berufene Recht keine eingetragene Partnerschaft kennt (Art. 65c Abs. IPRG);
- Möglichkeit der Wahl des Rechts der Eintragung als massgebliches «Güterrecht» bzw. Vermögensrecht;
- subsidiäre indirekte Zuständigkeit der Behörden am Eintragungsort, wenn ein Verfahren in den nach Art. 50, 58 und 65 IPRG indirekt zuständigen Staaten unmöglich oder unzumutbar ist (Art. 65d IPRG).

7. Entstehung des Kindesverhältnisses

a) Grundlagen

Das IPRG unterscheidet zwischen der Entstehung des Kindesverhältnisses durch Abstammung (Art. 66–70), durch Anerkennung (Art. 71–74) und durch Adoption (Art. 74–78).

Hauptsächliches Anknüpfungsmerkmal ist – wie im Internationalen Kindesrecht im Allgemeinen – der *gewöhnliche Aufenthalt des Kindes*. Dies trägt einerseits dem Umstand Rechnung, dass im Staat des gewöhnlichen Aufenthalts üblicherweise die stärkste soziale Verankerung besteht und somit mithin das Recht des Staates mit dem engsten Bezug zum Sachverhalt berufen wird. Andererseits wird darauf Rücksicht genommen, dass je nach Alter des Kindes die subjektiven Voraussetzungen für eine Wohnsitznahme nicht vorliegen können (Art. 20 IPRG), sodass sich die Anknüpfung an den auf objektive Tatsachen – vor allem die Aufenthaltsdauer – abstellenden gewöhnlichen Aufenthalt des Kindes auch aus Gründen der Praktikabilität aufdrängt.

Die Vorschriften des Internationalen Kindesrechts tragen sodann dem *Kindeswohl* Rechnung. Das Kollisionsrecht verfolgt insoweit auch materiell-rechtliche Ziele und ist nicht ausschliesslich dem Ideal der kollisionsrechtlichen Gerechtigkeit verhaftet.

b) Durch Abstammung

Das Kindesverhältnis zur Mutter und zum Vater wird vielfach unmittelbar durch Abstammung begründet. Die einzelstaatlichen Rechtsordnungen sehen regelmässig gesetzliche Vermutungstatbestände vor – z.B. der mit der Mutter verheiratete Mann ist der rechtliche Vater – und geben auf diese Weise das Verfahren vor, wenn z.B. der biologische Vater seine rechtliche Vaterschaft nicht anerkennt oder der rechtliche Vater seine biologische Vaterschaft abstreitet. Für entsprechende Klagen – *Vaterschaftsklagen, Klagen auf Anfechtung der Vaterschaft,* aber auch die *Klage auf Feststellung der Mutterschaft,* falls diese ausnahmsweise strittig ist – sind nach Art. 66 IPRG die Schweizer Gerichte am gewöhnlichen Aufenthalt des Kindes oder am Wohnsitz der Mutter oder des Vaters zuständig. Art. 67 IPRG sieht überdies eine (Not-)Zuständigkeit am Schweizer Heimatort der Mutter oder des Vaters vor, wenn eine entsprechende Klage im Ausland unmöglich oder unzumutbar ist.

In der Sache zur Anwendung gelangt in der Regel das *Recht am gewöhnlichen Aufenthalt des Kindes*: Art. 68 Abs. 1 IPRG. Massgeblicher *Anknüpfungszeitpunkt* ist nach Art. 69 Abs. 1 IPRG die Geburt des Kindes. Ausnahmsweise – wenn es dem Kindeswohl entspricht – ist auf den Zeitpunkt der Anhängigmachung des Verfahrens abzustellen (Art. 69 Abs. 2 IPRG). Zu denken ist an Fälle, in denen nach dem ursprünglichen Aufenthaltsrecht des Kindes die Fristen für die klageweise Durchsetzung des Kindesverhältnisses abgelaufen sind, während nach dem aktuellen Aufenthaltsrecht eine entsprechende Klage weiterhin zulässig erscheint. In den seltenen Fällen, in denen kein Elternteil seinen Wohnsitz im Staat des gewöhnlichen Aufenthalts des Kindes hat, die Eltern aber über eine gemeinsame effektive Staatsangehörigkeit verfügen, findet nach Art. 68 Abs. 2 IPRG das *gemeinsame Heimatrecht der Eltern* Anwendung. Da die Entstehung des Kindesverhältnisses eine Statusfrage betrifft, ist in allen Fällen – d.h. bei Anknüpfung an den gewöhnlichen Aufenthalt des Kindes und bei der Anknüpfung an das gemeinsame Heimatrecht der Eltern – nach Art. 14 Abs. 2 IPRG eine *Rückverweisung* auf das Schweizer Recht zu beachten.

Für *ausländische Entscheide* betreffend die Feststellung oder Anfechtung des Kindesverhältnisses sieht Art. 70 IPRG eine weitgefasste indirekte Zuständigkeit vor. Anerkannt werden die Zuständigkeit des gewöhnlichen Aufenthaltsstaates oder des Heimatstaates des Kindes und des Wohnsitz- oder des Heimatstaates der Mutter oder des Vaters. Damit sollen nach Möglichkeit hinkende Rechtsverhältnisse verhindert werden.

Bedeutung erlangt Art. 70 IPRG in der Praxis unter anderem im Zusammenhang mit der Anerkennung von im Ausland auf dem Weg der *Leihmutterschaft* begründeten Kindesverhältnissen. Das Bundesgericht verfolgt diesbezüglich – unter dem Titel des Kindeswohls – eine eher *restriktive Praxis* und lehnt die Anerkennung von im Ausland begründeten Kindesverhältnissen von nichtbiologischen Schweizer Eltern namentlich aus Gründen der Rechtsumgehung unter Berufung auf den *Ordre public* ab (BGE 141 III 312; 141 III 328).

c) Durch Anerkennung

Für die Anerkennung eines Kindes durch den Vater sind die Schweizer Behörden am Geburtsort des Kindes, am gewöhnlichen Aufenthaltsort des Kindes, am Wohnsitz des Vater oder der Mutter, am Heimatort des Vaters oder der Mutter oder am Ort, an dem ein Verfahren zur Feststellung bzw. Begründung der Vaterschaft geführt wird, *zuständig* (Art. 71 Abs. 2 und 3 IPRG).

Soll eine bereits erfolgte Anerkennung angefochten werden, sind demgegenüber die Zuständigkeiten nach Art. 66 f. IPRG einschlägig (Art. 71 Abs. 3 IPRG, vgl. oben S. 87).

Die *materiell-rechtlichen Voraussetzungen der Anerkennung* richten sich nach Massgabe des Günstigkeitsprinzips – *favor recognitionis*

– alternativ nach dem Recht am gewöhnlichen Aufenthalt des Kindes, dem Recht am Wohnsitz der Mutter oder des Vaters oder dem Heimatrecht des Kindes, der Mutter oder des Vaters (Art. 72 Abs. 1 IPRG). Nach Art. 14 Abs. 2 IPRG ist eine Rückverweisung auf das Schweizer Recht grundsätzlich zu beachten. Sie soll indes nicht die Ziele der die Anerkennung begünstigenden Alternativanknüpfung unterlaufen und dürfte daher mithin nur zum Tragen kommen, wenn nach Schweizer Recht ein Kindesverhältnis begründet wird. Die *Form der Anerkennung* richtet sich immer nach Schweizer Recht (Art. 72 Abs. 2 IPRG). Gleiches gilt nach Art. 72 Abs. 3 IPRG für die *Anfechtung einer Kindesanerkennung.*

Art. 73 f. IPRG sehen weitgefasste indirekte Zuständigkeiten für die im Ausland erfolgte Anerkennung oder Legitimation eines Kindes bzw. für die Anfechtung entsprechender Erklärungen vor.

d) Durch Adoption

Für die Internationale Adoption vgl. Art. 75–78 IPRG. Das IPRG sieht im Grundsatz vor, dass die Adoption im Wohnsitzstaat der adoptierenden Person erfolgen muss. Damit wird u.a. sichergestellt, dass in der Schweiz wohnhafte Personen nicht unter fragwürdigen Umständen Kinder im Ausland adoptieren können. Die Adoption ist vielmehr in der Schweiz vorzunehmen. Zur Anwendung gelangen die Voraussetzungen des Schweizer Rechts. Zudem ist aus Gründen des internationalen Entscheidungseinklangs bzw. zur Vermeidung hinkender Rechtsverhältnisse grundsätzlich vorausgesetzt, dass die Schweizer Adoption im Heimat- oder Wohnsitzstaat des adoptierten Kindes anerkannt wird. Auf diese Voraussetzung kann im Einzelfall aus Gründen des Kindeswohls verzichtet werden.

Auf der Ebene der Staatsverträge gilt es in erster Linie auf das Haager Übereinkommen über den Schutz von Kindern und die Zusammenarbeit auf dem Gebiet der internationalen Adoptionen hinzuweisen. Dieses sieht in Art. 23 Abs. 1 die automatische

Anerkennung der in einem anderen Vertragsstaat ausgesprochenen Adoption vor.

8. Wirkungen des Kindesverhältnisses

Die Bestimmungen des IPRG über die Wirkungen des Kindesverhältnisses (Art. 79–84 IPRG) haben vielfach nur die Bedeutung einer Auffangregelung. Wesentliche Bereiche sind durch vorrangiges Staatsvertragsrecht besetzt, so namentlich der Kinderschutz durch das gleichnamige Haager Übereinkommen und der Unterhalt durch das Lugano-Übereinkommen sowie das Haager Unterhalts- bzw., ausnahmsweise, das ältere Haager Kindesunterhaltsübereinkommen. Im Übrigen sieht Art. 79 IPRG eine weitgefasste Schweizer Zuständigkeit vor. Zur Anwendung gelangt für gewöhnlich das Recht am gewöhnlichen Aufenthalt des Kindes (Art. 82 Abs. 1 IPRG).

9. Kindesschutz und Kindesentführung

Art. 85 Abs. 1 IPRG verweist für den Kindesschutz auf das *erga-omnes-wirkende Haager Kindesschutzübereinkommen.* Dieses knüpft die Zuständigkeit für Schutzmassnahmen grundsätzlich an den gewöhnlichen Aufenthalt des Kindes an (Art. 5). Zur Anwendung gelangt nach Art. 15 das am Ort der zuständigen Behörde anwendbare Recht und folglich in der Regel das Recht am gewöhnlichen Aufenthalt des Kindes. Ausnahmsweise können nach Art. 10 die Scheidungsgerichte für Kindesschutzmassnahmen zuständig sein. Eine weitergehende Zuständigkeit besteht nach Art. 11 für vorsorgliche Massnahmen. Die Art. 23 ff. gewährleisten schliesslich die Anerkennung und Vollstreckung von Kindesschutzmassnahmen zwischen den Vertragsstaaten. Im Verhältnis zu Drittstaaten gilt für die indirekte Zuständigkeit Art. 85 Abs. 4 IPRG.

Der sachliche Anwendungsbereich des Haager Kindesschutzübereinkommens ist weit auszulegen. Erfasst werden sämtliche behördlichen Eingriffe in die Sorge, die Obhut, den Umgang, die Vertretung und das Vermögen eines Kindes. Nicht erfasst werden demgegenüber Unterhaltsfragen.

Bei widerrechtlicher Verbringung eines Kindes insbesondere durch einen Elternteil in einen anderen Staat kommt das *Haager Übereinkommen über die zivilrechtlichen Aspekte internationaler Kindesentführungen* zur Anwendung. Dieses will die sofortige Rückgabe gewährleisten, d.h. die Rückführung des Kindes in seinen (rechtmässigen) gewöhnlichen Aufenthaltsstaat. Zu diesem Zweck begründet das Übereinkommen ein System von Zentralbehörden, welche den jeweiligen Inhaber des Sorgerechts bzw. die berechtigte Person oder Behörde bei der Durchsetzung des Rückgabeanspruchs unterstützen. Über die Rückgabe entscheidet der tatsächliche Aufenthaltsstaat. Das Verfahren ist dringlich zu behandeln.

Wird ein Kind widerrechtlich in einen anderen Staat verbracht, behält es seinen gewöhnlichen Aufenthalt im Ursprungsstaat. Das widerrechtliche Verbringen des Kindes verschafft dem Kind am neuen Ort keinen gewöhnlichen Aufenthalt. Daraus folgt, dass die Behörden des Ursprungsstaates nach Art. 5 Haager Kindesschutzübereinkommen zuständig bleiben, über Kindesschutzmassnahmen zu entscheiden. Art. 7 Haager Kindesschutzübereinkommen nennt die Fälle, in denen die Zuständigkeit trotz widerrechtlicher Verbringung ausnahmsweise auf den neuen Aufenthaltsstaat des Kindes übergeht. Dies ist der Fall, wenn der Inhaber des Sorgerechts bzw. die berechtigte Person oder Behörde das Verbringen des Kindes an den neuen Aufenthaltsort genehmigt oder, wenn nicht innert Jahresfrist ein Rückgabeantrag gestellt wird, nachdem Kenntnis über den neuen Aufenthaltsort des Kindes erlangt wurde oder hätte erlangt werden müssen und sich das Kind in seinem neuen Umfeld eingelebt hat.

10. Erwachsenenschutz

Für den Erwachsenenschutz wird in Art. 85 Abs. 2 IPRG auf das *Haager Übereinkommen über den Schutz von Erwachsenen* verwiesen. Dieses weist in Art. 5 – als Regelanknüpfung – die Zuständigkeit für entsprechende Massnahmen (z.B. Anordnung einer Beistandschaft) den Behörden des gewöhnlichen Aufenthaltsstaates des Erwachsenen zu. Die befasste Behörde wendet nach Art. 13 ihr eigenes Recht an, womit im Regelfall das Recht am gewöhnlichen Aufenthalt des Erwachsenen über die einschlägigen Schutzmassnahmen bestimmt. Die Anerkennung und Vollstreckung von Massnahmen des Erwachsenenschutzes ist nach Massgabe von Art. 22 ff. zwischen den Vertragsstaaten gewährleistet. Im Verhältnis zu Drittstaaten bestimmt sich die indirekte Zuständigkeit nach Art. 85 Abs. 4 IPRG.

§ 5 Erbrecht

1. Grundlagen

a) Rechtsquellen

Die Vorschriften des Internationalen Erbrechts finden sich in *Art. 86–96 IPRG. Staatsverträge* sind nur ausnahmsweise zu beachten: Neben dem *Haager Übereinkommen über das auf die Form letztwilliger Verfügungen anzuwendende Recht* (SR 0.211.312.1) sind vereinzelt bilaterale Abkommen einschlägig (so z.B. im Verhältnis zu den USA, zu Italien, zu Portugal und zum Iran; weiterführend vgl. IPRG-Schnyder/Liatowitsch, Art. 87 Rz. 24 ff.). Das *LugÜ* hat in Fragen des Erbrechts *keine Geltung* (Art. 1 Abs. 2 lit. a LugÜ).

b) Prinzip der Nachlasseinheit (gegenüber dem Prinzip der Nachlassspaltung)

Das Internationale Erbrecht der Schweiz folgt dem Prinzip der *Nachlasseinheit*. Soweit die Zuständigkeit der Schweizer Behörden eröffnet ist, erfasst deren Regelungskompetenz grundsätzlich den gesamten Nachlass, unabhängig davon, wo auf der Welt sich die Vermögenswerte befinden. Insbes. auch das im Ausland belegene Vermögen untersteht der Schweizer Zuständigkeit. Unabhängig vom Lageort der Vermögenswerte findet alsdann auf den gesamten Nachlass ein und dasselbe Recht Anwendung (Einheit des Erbstatuts).

Nur ausnahmsweise sieht das IPRG eine sog. *Nachlassspaltung* vor, d.h. eine Differenzierung aufgrund des Lageortes von Vermögenswerten. Diese kann die Zuständigkeit und/oder das anwendbare Recht betreffen. So bleiben nach Art. 86 Abs. 2 IPRG gegebenenfalls im Ausland belegene Grundstücke von der Schweizer Zuständigkeit ausgenommen. Weiter eröffnet Art. 88 Abs. 1 IPRG die Schweizer Zuständigkeit nur für die in der Schweiz belegenen Vermögenswerte. Daneben erlaubt Art. 87 Abs. 2 IPRG Auslandschweizern eine Teilrechtswahl bezüglich der in der Schweiz belegenen Vermögenswerte. Art. 91 Abs. 2 IPRG ermöglicht schliesslich eine Teilrechtswahl des ausländischen Wohnsitzrechts.

Soweit es in den genannten Fällen zu einer Nachlassspaltung kommt, folgt daraus zunächst eine *vollständig getrennte*, autonome Betrachtung der jeweiligen *Teilnachlässe*. Jeder Teilnachlass hat sein eigenes rechtliches Schicksal. Alsdann geht aber die (wohl) herrschende Auffassung in der Schweiz davon aus, dass im Rahmen der materiellen Rechtsanwendung gewisse *Korrekturen* vorgenommen werden können. Dies gilt namentlich mit Bezug auf die Regelung der Nachlassschulden, die Berechnung der Quoten oder die Beurteilung der Ausgleichungspflicht. Besonders deutlich zeigt sich das Korrekturbedürfnis beim Pflichtteilsschutz. Was ein Erbe im einen Teilnachlass erhalten hat, muss er sich im anderen Teilnachlass gegebenenfalls an den Pflichtteil anrechnen lassen.

Beispiel: Der Erblasser hält in seinem Testament fest, dass sein Sohn aus erster Ehe die Liegenschaft in den USA erhalten soll. Das Barguthaben bei der Schweizer Bank X in Höhe von CHF 500'000.00 soll an seine Ehefrau gehen. Aufgrund von Art. 86 Abs. 2 IPRG kommt es *in casu* zu einer Nachlassspaltung. Das Bankguthaben untersteht der Schweizer Zuständigkeit und dem Schweizer Recht; für die Liegenschaft gelten die US-amerikanische Zuständigkeit und das US-amerikanische Recht. Die beiden Teilnachlässe sind im Ausgangspunkt völlig separat zu behandeln. Dies würde es dem Sohn gegebenenfalls erlauben, im Schweizer Nachlass eine Pflichtteilsverletzung geltend zu machen. Dem darf ein Schweizer Richter nach h.L. dadurch begegnen, dass er den Wert der Liegenschaft in den USA an dessen Pflichtteil anrechnet.

Die Einzelheiten der materiell-rechtlichen Korrektur bei der Nachlassspaltung sind freilich noch wenig beleuchtet. Eine Korrektur erscheint dort leichter, wo der Schweizer Richter für den gesamten Nachlass zuständig ist und sich die Spaltung in mehrere Teilnachlässe erst auf der Ebene des Kollisionsrechts ergibt. Der Schweizer Richter kann hier eine für alle Seiten verbindliche Entscheidung treffen. Schwieriger erscheinen die Verhältnisse bei der Nachlassspaltung im Zuständigkeitsrecht. Befasst sich eine ausländische Behörde mit einem Teil und die Schweizer Behörde mit dem anderen Teil des Nachlasses, hängt die Wirksamkeit jeder materiell-rechtlichen Korrektur davon ab, ob die Schweizer Behörde die Rechtsfolgen und Entwicklungen im ausländischen Nachlass richtig abschätzt. Hier mag es sich gegebenenfalls aufdrängen, dass die Schweizer Behörde mit der Beurteilung des Nachlasses zuwartet, bis die ausländische Behörde rechtskräftig über den betreffenden Teilnachlass entschieden hat. Dem sind durch Erwägungen der *Prozessökonomie* (insbes. wenn eine Partei Anhaltspunkte für Verfahrensverzögerung liefert) gewisse Schranken gesetzt.

c) Wohnsitzprinzip (gegenüber Staatsangehörigkeitsprinzip)

Weiter bestehen im Internationalen Erbrecht Meinungsverschiedenheiten auch mit Bezug auf den massgeblichen Anknüpfungsbegriff: letzter Wohnsitz des Erblassers oder Staatsangehörigkeit des Erblassers. Die *Schweiz* folgt hier in erster Linie dem *Wohnsitzprinzip.* Sowohl was die Zuständigkeit als auch was das anwendbare Recht anbelangt, wird vorrangig auf den letzten Wohnsitz des Erblassers abgestellt. Nur subsidiär kommt der Staatsangehörigkeit Bedeutung zu (vgl. etwa Art. 87 f. und Art. 91 Abs. 2 IPRG). Demgegenüber folgen *zahlreiche ausländische Rechtsordnungen* dem *Staatsangehörigkeitsprinzip.* Die Nachlasszuständigkeit wird für alle inländischen Staatsangehörigen eröffnet und das inländische Recht zur Anwendung gebracht, unabhängig davon, wo der Erblasser seinen letzten Wohnsitz hatte.

In der EU gilt die Verordnung (EU) Nr. 650/2012 über die Zuständigkeit, das anzuwendende Recht, die Anerkennung und Vollstreckung von Entscheidungen und die Annahme und Vollstreckung öffentlicher Urkunden in Erbsachen sowie zur Einführung eines Europäischen Nachlasszeugnisses *(ErbrechtsVO).* Sie enthält vielfach *erga-omnes-wirkende* Regelungen und folgt dem Grundsatz der Nachlasseinheit. Primäres Anknüpfungsmerkmal ist – sowohl für die Zuständigkeit als auch für das anwendbare Recht – *der letzte gewöhnliche Aufenthalt des Erblassers.*

Unter dem Eindruck der ErbrechtsVO erwägt auch der Schweizer Gesetzgeber eine Neuregelung des Internationalen Erbrechts. Zur Vermeidung von Konflikten soll gegebenenfalls nicht länger an den letzten Wohnsitz sondern an den letzten gewöhnlichen Aufenthalt des Erblassers angeknüpft werden. Auch in weiteren Fragen (z.B. die Behandlung von im Ausland belegenen Grundstücken) wird eine Angleichung an das europäische Recht geprüft.

d) Verhältnis von Erb- und Güterrecht

Soweit der Erblasser verheiratet war, können sich bei der erbrechtlichen Auseinandersetzung güterrechtliche Fragestellungen ergeben. Nach Schweizer Rechtsauffassung hat die güterrechtliche der erbrechtlichen Auseinandersetzung *voranzugehen.* Umfang und Inhalt des Nachlasses hängen mitunter von der güterrechtlichen Betrachtung ab. Die enge Verknüpfung von Erb- und Güterrecht tritt namentlich bei der *Nachlassplanung* in Erscheinung. Das IPRG verknüpft die beiden Rechtsgebiete in Art. 51 lit. a: Danach sind im Falle des Todes eines Ehegatten die Schweizer Behörden, die für die erbrechtliche Auseinandersetzung zuständig sind, auch für die Regelung der güterrechtlichen Belange kompetent. Entsprechend können die nach Art. 86 ff. IPRG zuständigen Behörden im Rahmen der erbrechtlichen Betrachtung vorfrageweise die güterrechtliche Auseinandersetzung vornehmen.

2. Zuständigkeit

Nach *Art. 86 Abs. 1 IPRG* sind die Schweizer Behörden in Nachlassangelegenheiten zuständig, wenn sich der *letzte Wohnsitz des Erblassers in der Schweiz* befunden hat. Die Zuständigkeit ist umfassend geregelt und erfasst grundsätzlich sämtliche Vermögenswerte des Erblassers, unabhängig davon, wo diese belegen sind (vgl. vorstehend S. 93 f.). In sachlicher Hinsicht umfasst die Schweizer Zuständigkeit sämtliche Belange des Erbrechts, d.h. namentlich die Unterstützung bei der Nachlassabwicklung (z.B. Testamentseröffnung, Ausstellen des Erbenscheins, erbrechtliche Sicherungsmassnahmen) sowie die Beurteilung von erbrechtlichen Klagen (z.B. Klagen auf Ungültigkeit letztwilliger Verfügungen, auf Durchsetzung von Pflichtteilsansprüchen, auf Geltendmachung von Ausgleichszahlungen, auf Herausgabe von Nachlassgegenständen).

Die Zuständigkeit der Schweizer Behörden am letzten Wohnsitz des Erblassers erfährt in *Art. 86 Abs. 2 IPRG* eine Ausnahme:

Soweit es im *Ausland belegene Grundstücke* betrifft, sind die Schweizer Behörden unzuständig, falls der Lagestaat eine *ausschliessliche Zuständigkeit* für sich in Anspruch nimmt. Letzteres lässt sich insbes. daran erkennen, dass der Lagestaat keine ausländischen Entscheidungen über «seine» Grundstücke anerkennt. *Pro memoria* sei darauf hingewiesen, dass die Schweiz gemäss Art. 96 IPRG keine ausschliessliche Zuständigkeit für die im Inland belegenen Grundstücke in Anspruch nimmt. Ob die Voraussetzungen von Art. 86 Abs. 2 IPRG vorliegen, haben die Schweizer Behörden von Amtes wegen zu prüfen. Die Zuständigkeit begründet eine Prozessvoraussetzung. Art. 16 IPRG findet *keine Anwendung* (auch nicht analog).

Ob die EU-Mitgliedstaaten nach Massgabe der ErbrechtsVO eine ausschliessliche Zuständigkeit i.S.v. Art. 86 Abs. 2 IPRG beanspruchen, ist derzeit noch nicht entschieden (wohl aber abzulehnen). Art. 86 Abs. 2 IPRG findet namentlich im Verhältnis zu den *Common-Law-Staaten* Anwendung.

Soweit es *Schweizer Bürger mit letztem Wohnsitz im Ausland* anbelangt, eröffnet *Art. 87 IPRG* weitere Schweizer Zuständigkeiten. Die inländischen Behörden sind danach zuständig, wenn

- sich die ausländische Behörde nicht mit dem Nachlass befasst (Gerichtsstand der Behörden am Heimatort des Erblassers; Art. 87 Abs. 1 IPRG);
- der Erblasser sein in der Schweiz gelegenes Vermögen oder seinen gesamten Nachlass durch letztwillige Verfügung oder Erbvertrag der schweizerischen Zuständigkeit unterstellt (Art. 87 Abs. 2 IPRG) oder
- der Erblasser in gleicher Weise die Anwendung des schweizerischen Rechts bestimmt (Art. 87 Abs. 2 IPRG).

Art. 86 Abs. 2 IPRG – ausländische Grundstücke – bleibt auch hier vorbehalten.

Weniger weitgehend eröffnet *Art. 88 IPRG* bei *Ausländern mit letztem Wohnsitz im Ausland* die Zuständigkeit der Schweizer Behörden für den Fall, dass sich die ausländischen Behörden nicht mit dem Nachlass befassen. Die Zuständigkeit ist anders als bei Schweizer Bürgern auf die in der Schweiz gelegenen Nachlasswerte begrenzt. Örtlich zuständig sind die Behörden am Ort des belegenen Vermögens. Befindet sich Vermögen an mehreren Orten, sind die zuerst angerufenen Schweizer Behörden zuständig (Art. 88 Abs. 2 IPRG).

Sowohl Art. 87 Abs. 1 als auch Art. 88 Abs. 1 IPRG stellen darauf ab, dass sich die *ausländischen Behörden nicht mit dem Nachlass befassen,* wobei der Gesetzgeber in der ersten Vorschrift im *Singular* und in der zweiten Vorschrift im *Plural* formuliert (ausländische Behörde bzw. ausländische Behörden). Dies wird in der Lehre dahingehend ausgelegt, dass die Zuständigkeit gemäss Art. 87 Abs. 1 IPRG immer dann eröffnet ist, wenn sich die Behörden im letzten Wohnsitzstaat des Erblassers nicht mit dem Nachlass befassen. Bei Art. 88 Abs. 1 IPRG wird demgegenüber darauf abgestellt, ob sich keine nach Art. 96 IPRG indirekt zuständige ausländische Behörde mit dem Nachlass beschäftigt. Diese *Differenzierung* erscheint u.E. *nicht zwingend.* Es stellt sich die Frage, ob nicht in beiden Fällen allein darauf abgestellt werden sollte, wie sich die Behörden im letzten Wohnsitzstaat des Erblassers verhalten.

Unabhängig vom letzten Wohnsitz des Erblassers können Schweizer Behörden nach *Art. 89 IPRG sichernde Massnahmen* zugunsten des in der Schweiz belegenen Vermögens ergreifen. Diese Zuständigkeit wird neben der allgemeinen Zuständigkeit für vorsorglichen Rechtsschutz nach Art. 10 IPRG eröffnet. Inhaltlich fallen sämtliche im Erbrecht denkbaren Schutzmassnahmen unter die Vorschrift, d.h. namentlich die spezifisch erbrechtlichen Sicherungsmassnahmen gemäss Art. 551 ff. ZGB (Inventar, Siegelung usw.) sowie allgemeine Schutzmassnahmen zur Durchsetzung erbrechtlicher Ansprüche (z.B. Beschlagnahme von Nachlassobjekten und Kontosperre). Erbrechtliche Sicherungsmittel stehen gegebenenfalls in *echter Konkurrenz* zum Arrest.

3. Anwendbares Recht

Art. 90 Abs. 1 IPRG bestimmt, dass sich der Nachlass einer *Person mit letztem Wohnsitz in der Schweiz* nach schweizerischem Recht richtet. Es besteht somit – im Grundsatz – ein *Gleichlauf* zwischen Zuständigkeit und anwendbarem Recht *(forum und ius)*. In Abweichung davon können *Ausländer* indes durch letztwillige Verfügung oder Erbvertrag den Nachlass einem ihrer Heimatrechte unterstellen *(Art. 90 Abs. 2 IPRG)*. Dies gilt allerdings nicht, soweit der Erblasser *auch* über die Schweizer Staatsangehörigkeit verfügt. Doppelbürgern ist eine Rechtswahl nicht gestattet. Die Wahl ausländischen Rechts kann alsdann dazu führen, dass der *Pflichtteilsschutz* gemäss Schweizer ZGB *entfällt*. Diese Konsequenz ist nach bundesgerichtlicher Rechtsprechung hinzunehmen; sie ist nicht über den *Ordre public* (Art. 17 IPRG) zu korrigieren.

Beispiel: Der Erblasser ist englischer Staatsangehöriger mit letztem Wohnsitz in der Schweiz. Er hinterlässt seine Ehefrau und zwei Kinder. In seinem Testament unterstellt er den Nachlass gemäss Art. 90 Abs. 2 IPRG dem englischen Heimatrecht. Weiter ordnet er an, dass wesentliche Teile seines Nachlasses seiner heimlichen Geliebten zukommen sollen. Ob eine entsprechende Anordnung rechtlich zulässig ist, bestimmt sich abschliessend nach dem englischen Heimatrecht. Eine allfällige Verletzung Schweizer Pflichtteilsansprüche kann grundsätzlich nicht mittels Anrufung des *Ordre public* nach Art. 17 IPRG korrigiert werden.

In Fortführung des Wohnsitzprinzips hält *Art. 91 Abs. 1 IPRG* weiter fest, dass sich der Nachlass von *Personen mit letztem Wohnsitz im Ausland* nach dem Recht des Wohnsitzstaates bemisst. Verwiesen wird ausdrücklich auf das dort geltende *Kollisionsrecht.* Es liegt eine *echte Gesamtverweisung* i.S.v. Art. 14 Abs. 1 IPRG vor. Eine Weiterverweisung auf ein drittes Recht ist zu beachten; ebenso eine Rückverweisung auf das Schweizer Recht.

Soweit indes nach Art. 87 Abs. 1 IPRG die *Schweizer Heimatzuständigkeit* eröffnet wird (die ausländische Behörde befasst sich nicht mit dem Nachlass), findet nach *Art. 91 Abs. 2 IPRG schweizerisches Recht* Anwendung. Vorbehalten bleibt der Fall, in welchem der Erblasser seinen Nachlass durch letztwillige Verfügung oder Erbvertrag ausdrücklich dem Recht an seinem letzten Wohnsitz unterstellt hat.

4. Einzelfragen

a) Umfang des Erbstatuts

In Konkretisierung des allgemeinen Grundsatzes, wonach Schweizer Behörden inländisches Verfahrensrecht anwenden und «nur» in der Sache ausländisches Recht Beachtung finden kann (prozessrechtliche *lex fori* vs. materiell-rechtliche *lex causae),* hält *Art. 92 IPRG* fest, dass sich der Nachlass inhaltlich nach dem (allenfalls ausländischen) *Erbstatut* richtet (Abs. 1), während sich die *Nachlassabwicklung* in jedem Fall nach Schweizer Recht richtet *(Eröffnungsstatut;* Abs. 2). Die exakte Abgrenzung zwischen Erbstatut und Eröffnungsstatut fällt freilich nicht immer leicht. Dem will Art. 92 IPRG Rechnung tragen, indem er einzelne Aspekte des Erbrechts ausdrücklich dem Erb- bzw. dem Eröffnungsstatut zuweist. So bestimmt das Erbstatut insbes. darüber, was zum Nachlass gehört, wer in welchem Umfang daran berechtigt ist, wer die Schulden des Nachlasses trägt, welche Rechtsbehelfe und Massnahmen zulässig sind und unter welchen Voraussetzungen sie angewendet werden können. Demgegenüber regelt das Eröffnungsstatut die Durchführung der einzelnen Massnahmen. Gleiches gilt für die sichernden Massnahmen, die Nachlassabwicklung und die Willensvollstreckung.

b) Form letztwilliger Verfügungen

Für die Form letztwilliger Verfügungen verweist *Art. 93 Abs. 1 IPRG* auf die Regeln des gleichnamigen *Haager Übereinkommens* (vgl. vorne S. 92). Dieses sieht in Art. 1 eine breit gefächerte *Alternativanknüpfung* vor: *favor testamenti*. Verwiesen wird auf das Recht am Verfügungsort, das Heimatrecht, das Recht am letzten Wohnsitz, das Recht am letzten gewöhnlichen Aufenthalt oder das Recht am Ort des unbeweglichen Vermögens. Soweit nach einem dieser Rechte auch eine bloss *mündliche* letztwillige Verfügung gültig wäre, findet diese in der Schweiz aufgrund eines *Vorbehalts* gemäss Art. 10 Haager Übereinkommen keine Beachtung. Der Vorbehalt findet keine Anwendung auf Nottestamente.

c) Verfügungsfähigkeit

Als *lex specialis* zu Art. 35 f. IPRG ist eine Person nach *Art. 94 IPRG* verfügungsfähig, wenn sie im Zeitpunkt der Verfügung nach dem Recht am Wohnsitz/am gewöhnlichen Aufenthalt oder nach dem Recht einer ihrer Heimatstaaten verfügungsfähig ist: *favor validitatis*.

d) Erbverträge und gegenseitige Verfügungen von Todes wegen

Art. 95 IPRG befasst sich mit Anordnungen in Erbverträgen und in sog. korrespektiven Testamenten. Abs. 1 und 2 von Art. 95 betreffen Fälle, in denen nur *eine* der Parteien eine erbrechtliche Verfügung trifft (sog. einseitiger Erbvertrag). Demgegenüber will Abs. 3 Sachverhalte regeln, in denen *beide* Parteien als Erblasser in Erscheinung treten (sog. gegenseitige Erbverträge sowie korrespektive Testamente).

Auf die einseitigen Erbverträge findet nach Art. 95 Abs. 1 IPRG das Recht am Wohnsitz des Erblassers zur Zeit des Vertragsschlusses Anwendung. Die *zeitliche Fixierung* erfolgt zum Schutz der anderen Partei, welche möglicherweise zu Lebzeiten Leistungen erbringt.

Der Erblasser kann nicht durch späteren Wohnsitzwechsel auf das Erbstatut einwirken. Als Alternative dazu bietet Art. 95 Abs. 2 IPRG dem Erblasser die Möglichkeit, den Erbvertrag bzw. den Nachlass insgesamt seinem Heimatrecht zu unterstellen.

Gegenseitige Erbverträge sowie korrespektive Testamente sind gemäss Art. 95 Abs. 3 IPRG nur gültig, wenn sie *kumulativ* dem Wohnsitzrecht jedes Verfügenden oder dem von ihnen gewählten gemeinsamen Heimatrecht entsprechen.

Nach Art. 95 Abs. 4 IPRG vorbehalten sind in jedem Fall die Vorschriften über die Form und die Verfügungsfähigkeit gemäss Art. 93 f. IPRG. Dabei wird der Anwendungsbereich des bereits referenzierten Haager Übereinkommens *autonom* auf andere Verfügungen von Todes wegen, d.h. insbes. auf Erbverträge, ausgeweitet (Art. 93 Abs. 2 IPRG).

5. Anerkennung und Vollstreckung

Die indirekte Zuständigkeit in Erbschaftssachen ist in *Art. 96 IPRG weit gefasst.* Die Schweiz anerkennt im Ausland getroffene Anordnungen (Entscheidungen, Massnahmen, Urkunden sowie anderweitig begründete Rechtspositionen), wenn sie im letzten Wohnsitzstaat des Erblassers oder in einem Staat, dessen Recht er gewählt hat, getroffen wurden oder in einem dieser Staaten anerkannt werden. Für Anordnungen betreffend Grundstücke sind zusätzlich die Behörden des Lagestaates zuständig (vgl. insgesamt Art. 96 Abs. 1 lit. a und b IPRG). Eine allfällige *ausschliessliche Zuständigkeit* der Behörden im Lagestaat wird auch bei der Anerkennung und Vollstreckung respektiert (Art. 96 Abs. 2 IPRG). Sichernde Massnahmen finden in der Schweiz Beachtung, wenn sie im Staat ergangen sind, in dem das Vermögen des Erblassers belegen ist (Art. 96 Abs. 3 IPRG). Diese indirekte Zuständigkeit tritt *alternativ* zu den Hauptzuständigkeiten von Art. 96 Abs. 1 und 2 IPRG hinzu.

§ 6 Sachen- und Immaterialgüterrecht

1. Sachenrecht

a) Grundlagen

Das Internationale Sachenrecht ist in den *Art. 97 ff. IPRG* geregelt. Das *Lugano-Übereinkommen* findet auf sachenrechtliche Streitigkeiten *Anwendung*.

Die einschlägigen Vorschriften unterscheiden zwischen *unbeweglichen* und *beweglichen Sachen*. Weiter finden sich Sonderregelungen für Waren- und Wertpapiere sowie für Schiffe, Luftfahrzeuge und andere Transportmittel.

Im Zentrum des Internationalen Sachenrechts steht die Anknüpfung an das Recht am Lageort der Sache: *lex rei sitae*.

b) Unbewegliche Sachen

aa) Zuständigkeit

Für Streitigkeiten über dingliche Rechte an unbeweglichen Sachen gilt die *ausschliessliche* Zuständigkeit des Lagestaates nach *Art. 22 Ziff. 1 LugÜ*. Entsprechendes gilt nach *Art. 97 IPRG*. Die Gerichtsstandsvereinbarung bleibt ausgeschlossen (Art. 23 Abs. 5 LugÜ). Ebenso die Einlassung (Art. 24 LugÜ).

bb) Anwendbares Recht

Dingliche Rechte an Grundstücken unterstehen dem Recht am Ort der gelegenen Sache *(Art. 99 Abs. 1 IPRG)*. Für Ansprüche aus Immissionen bleibt Art. 138 IPRG vorbehalten.

cc) Anerkennung und Vollstreckung

Entscheidungen über dingliche Rechte an Grundstücken werden in der Schweiz anerkannt, wenn sie am Lageort der Immobilie ergangen sind. Das *LugÜ* schreibt eine *Prüfung* der *indirekten Zuständigkeit* nach *Art. 35 Abs. 1* vor. Die etwas weiter gefasste indirekte Zuständigkeit gemäss *Art. 108 Abs. 1 IPRG* gilt nur mit Bezug auf Entscheidungen aus LugÜ-Drittstaaten.

c) Bewegliche Sachen

aa) Zuständigkeit

Für Klagen über dingliche Rechte an beweglichen Sachen gilt die allgemeine Zuständigkeitsordnung von Art. 2 ff. LugÜ. Das LugÜ sieht keinen besonderen Gerichtsstand am Lageort der beweglichen Sache vor. *Abweichendes* gilt nach *Art. 98 Abs. 2 IPRG*. Der diesbezügliche Gerichtsstand kann indes nur mit Bezug auf Beklagte mit Wohnsitz in einem LugÜ-Drittstaat greifen. Für Klagen auf Rückführung von Kulturgütern vgl. *Art. 98a IPRG*.

bb) Anwendbares Recht

Nach *Art. 100 Abs. 1 IPRG* bestimmen sich *der Erwerb und der Verlust von dinglichen Rechten* an einer beweglichen Sache nach dem Recht des Staates, in dem die Sache im Zeitpunkt des Vorgangs, aus dem der Erwerb oder der Verlust hergeleitet wird, liegt. Dies umfasst namentlich die Frage, ob Eigentum schon bei Abschluss des Verpflichtungsgeschäftes oder erst bei Übergabe der Sache erworben wird. Der Zeitpunkt der Anknüpfung ist fix geregelt. Ein späterer Statutenwechsel bleibt ausgeschlossen.

Daneben können die Parteien nach *Art. 104 Abs. 1 IPRG* eine *Rechtswahl* treffen. Gewählt werden können das Recht des Abgangs- oder des Bestimmungsstaates der Sache sowie das Recht, dem ein zugrunde liegendes Verpflichtungsgeschäft untersteht. Der Schweizer Gesetzgeber will hier namentlich die *Koordination von Verpflich-*

tungs- und Verfügungsgeschäft ermöglichen. Dies gelingt ihm freilich kaum. Nach Art. 104 Abs. 2 IPRG kann die Rechtswahl Dritten nicht entgegengehalten werden. Sie gilt somit nur *inter partes* z.B. zwischen Käufer und Verkäufer. Ein Dritter kann nach den Regeln des Lagestaates auf die Sache zugreifen.

Art. 101 IPRG trifft eine Sonderregelung für *Sachen in Transit.* Hier erscheint der aktuelle Lageort gegebenenfalls nur schwierig bestimmbar oder jedenfalls zufällig. Daher unterstehen der rechtsgeschäftliche Erwerb und Verlust von dinglichen Rechten an solchen Sachen dem Recht des Bestimmungsstaates.

Gelangt eine Sache in die Schweiz, hält *Art. 102 Abs. 1 IPRG* sodann fest, dass mit Blick auf den Erwerb oder Verlust die im Ausland eingetretenen Vorgänge in der Schweiz anerkannt werden. Die Vorschrift hat Bedeutung namentlich für die Ersitzung. Ausländischer Besitz wird danach bei der Berechnung der Ersitzungsfrist angerechnet.

Eine Sonderanknüpfung besteht weiter mit Bezug auf den *Eigentumsvorbehalt.* Wurde ein solcher im Ausland gültig begründet und wird die Sache in die Schweiz verbracht, bleibt er nach Art. 102 Abs. 2 IPRG noch während *dreier Monate* in der Schweiz gültig. Bis dahin muss die Eintragung ins Eigentumsvorbehaltsregister gemäss Art. 715 ZGB erfolgen. Der Eintrag ist am Wohnsitz des Erwerbers vorzunehmen. Wohnt der Erwerber nicht in der Schweiz, kann der Eintrag *praxisgemäss* am Lageort der Sache erfolgen. Wie schon im nationalen Recht, kann ein Eigentumsvorbehalt gutgläubigen Dritten nicht entgegengehalten werden (Art. 102 Abs. 3 IPRG).

Der *Eigentumsvorbehalt* an einer zur *Ausfuhr* aus der Schweiz bestimmten beweglichen Sache untersteht dem Recht des Bestimmungsstaates *(Art. 103 IPRG).*

Inhalt und Ausübung von dinglichen Rechten an beweglichen Sachen unterstehen dem Recht des jeweiligen Belegenheitsortes *(Art. 100 Abs. 2 IPRG).* Wird eine Sache von einem in einen anderen Staat verbracht, hat dies folglich einen *Statutenwechsel* zur Folge.

cc) Anerkennung und Vollstreckung

Für Entscheidungen aus LugÜ-Staaten vgl. *Art. 32 ff. LugÜ.* Im Übrigen finden Art. 25 ff. i.V.m. *Art. 108 IPRG* Anwendung.

d) Transportmittel

Transportmittel wie Schiffe, Luftfahrzeuge oder Eisenbahnen werden in vielen Rechtsordnungen ähnlich wie Grundstücke behandelt. Namentlich besteht ein *Register,* aus dem sich die sachenrechtlichen Verhältnisse (Eigentum, Pfandrechte usw.) ergeben. Die Einzelheiten werden in zahlreichen Staatsverträgen und Spezialgesetzgebungen geregelt. Dem Rechnung tragend, sieht *Art. 107 IPRG* vor, dass die Bestimmungen anderer Gesetze über Transportmittel vorbehalten bleiben.

Für den Gerichtsstand ist die *ausschliessliche* Zuständigkeit nach *Art. 22 Abs. 3 LugÜ* zu beachten.

e) Warenpapiere

Als Warenpapiere gelten solche Papiere, die eine Ware rechtlich vertreten. Das Eigentum an der Ware knüpft an das Eigentum am Warenpapier an. Als Warenpapiere gelten namentlich Ladescheine und Konnossemente.

Ob ein Warenpapier vorliegt, d.h. ob das Papier die Ware vertritt, bestimmt sich gemäss *Art. 106 Abs. 1 IPRG* nach dem im Warenpapier bezeichneten Recht. Subsidiär wird auf das Recht des Staates verwiesen, in dem der Aussteller seine Niederlassung hat.

Die Frage, wer Eigentümer am Papier (und damit der Ware) ist, beurteilt sich nach dem auf das Warenpapier als bewegliche Sache anwendbaren Recht (Art. 106 Abs. 2 IPRG). Massgeblich ist mitunter der *Lageort des Warenpapiers.* Machen verschiedene Parteien dingliche Rechte an der Ware geltend, wobei sich eine Partei direkt auf ihr Recht an der Ware und die andere Partei auf ihr Recht am

Warenpapier abstützt, entscheidet indes das auf die Ware selbst anwendbare Recht über die bessere Berechtigung (Art. 106 Abs. 3 IPRG). Massgeblich ist mitunter das Recht am *Lageort der Ware.*

f) Wertpapiere

Das IPRG sieht im Ausgangspunkt *keine besonderen Bestimmungen* für Wertpapiere vor. Wertpapiere gelten vielmehr als bewegliche Sache. Es gilt daher das Recht am Lageort des Wertpapiers: *lex chartae sitae.* Dieses bestimmt namentlich über die Wertpapiereigenschaft und die Übertragbarkeit. Es zieht zugleich die Grenze zur Zession von unverbrieften Rechten nach Art. 145 IPRG. Bedeutung erlangen kann schliesslich das auf das Forderungs- und/oder Mitgliedschaftsrecht anwendbare Recht, das angeblich durch ein Wertpapier verkörpert wird. Die Durchsetzung der verbrieften Rechte mag gegebenenfalls die Beachtung der entsprechenden Vorschriften verlangen. Erwähnt seien etwa Vinkulierungsvorschriften des Gesellschaftsstatuts.

Wertpapiere werden je länger, je mehr nicht mehr in Papierform ausgegeben (sog. *papierlose Wertrechte)* oder in *Sammelurkunden* zusammengefasst. Entsprechende «Wertpapiere» werden heute häufig von dritter Seite bzw. von Verwahrungsstellen verwahrt. In der Rechtswirklichkeit bestehen eigentliche *Verwahrungspyramiden:* Der Anleger hat das Wertpapier in seinem Depot, wobei Letzteres aus einem Eintrag im Computersystem der Bank besteht. Die Bank wiederum erwirbt die Wertpapiere bei anderen Banken oder an der Börse, ebenfalls durch entsprechende Einträge in Computersystemen. Die Papiere selbst, soweit sie physisch überhaupt noch existieren, liegen bei der Verwahrungsstelle, die als Eigentümer der Papiere in ihrem Computersystem die angeschlossenen Banken registriert hat.

Die eingangs umschriebenen Regeln des Internationalen Sachenrechts werden dieser Situation *nicht gerecht.* Namentlich in Fällen von Bankeninsolvenz kann sich z.B. die Frage stellen, wer Eigentümer der in den Depots der Banken geführten Wertpapiere ist. Nach dem Prinzip der *lex chartae sitae* wäre dies nach dem Recht am Ort der Sammelverwahrung festzulegen. Als Eigentümer der Wertpapiere führt die Verwahrungsstelle sodann nicht die Anleger, sondern die jeweiligen Banken.

Vor diesem Hintergrund hat sich eine *Neuregelung* des Internationalen Wertpapierrechts aufgedrängt. Diese wurde in Form eines Beitritts der Schweiz zum *Haager Übereinkommen über die auf bestimmte Rechte an intermediärverwahrten Wertpapieren anzuwendende Rechtsordnung* vom 05.07.2006 (SR 0.957.1) vollzogen. Mit dessen Inkraftsetzung in der Schweiz am 01.01.2010 wurde auch neu das Kapitel 7a über intermediärverwahrte Wertpapiere *(Art. 108a–d)* ins IPRG eingefügt. Wesentliches Merkmal des Haager Wertpapier-Übereinkommens ist, dass sich hinsichtlich intermediärverwahrter Wertpapiere das anwendbare Recht nicht länger nach dem Lageort des Wertpapiers, sondern für jede Rechtsbeziehung in der Verwahrungspyramide gesondert nach subjektiven und objektiven Kriterien bestimmt. Im Verhältnis Bank–Anleger oder Bank–Verwahrungsstelle gilt jeweils ein eigenes Recht. Angeknüpft wird primär an das von den Parteien *gewählte Recht* (z.B. Rechtswahlklausel im Depotvertrag), wobei nach Art. 4 des Übereinkommens nur eine begrenzte Auswahl von Rechten zur Verfügung steht. Ohne gültige Rechtswahl gilt die *komplexe Kaskadenanknüpfung* nach Art. 5 Haager Übereinkommen.

Das so bestimmte materielle Recht regelt die sachenrechtlichen Wirkungen bezüglicher Wertpapiere in *umfassender Weise.* Es bestimmt namentlich darüber, ob ein Eintrag im Depotkonto dingliche oder obligatorische Rechte begründet, wie und in welchem Zeitpunkt entsprechende Rechte an den Wertpapieren erworben werden, unter welchen Voraussetzungen die Wertpapiere belastet werden können (Verpfändung) und welche Wirkungen sich im Zwangsvollstreckungsverfahren der Verwahrungsstelle, der Bank oder des Depotkunden ergeben. Die Art. 108a ff. IPRG bilden dabei eine *lex specialis* insbes. zu Art. 100 ff., Art. 105 und Art. 145 IPRG.

Nicht erfasst werden die rein obligatorischen Rechtsbeziehungen zwischen den Beteiligten, d.h. z.B. der eigentliche Bankvertrag zwischen dem Anleger und der Bank. Insoweit gelten auch weiterhin die Art. 116 ff. IPRG.

g) Verpfändung von Forderungen, Wertpapieren und anderen Rechten

Art. 108a ff. IPRG vorbehalten, untersteht die Verpfändung von Forderungen, Wertpapieren und anderen Rechten (z.B. Immaterialgüterrechte, Grundpfandrechte, Gesellschaftsanteile) gemäss *Art. 105 Abs. 1 IPRG* dem von den Parteien *gewählten Recht.* Subsidiär findet auf die Verpfändung von Forderungen und Wertpapieren das Recht am gewöhnlichen Aufenthalt des Pfandgläubigers Anwendung, während die Verpfändung anderer Rechte dem auf das betreffende Recht anwendbaren Recht folgt (Art. 105 Abs. 2 IPRG).

2. Immaterialgüterrecht

a) Grundlagen

Die «sachenrechtlichen» Belange des Immaterialgüterrechts – Entstehung, Inhalt, Wirkungen und Untergang – werden in *Art. 109–111 IPRG* geregelt. Ebenfalls erfasst werden die Verletzungstatbestände. Es besteht Vorrang gegenüber dem allgemeinen Deliktsrecht (Art. 129 ff. IPRG). Die Verträge über Immaterialgüterrechte (Kauf, Lizenz usw.) bilden Gegenstand von Art. 122 IPRG.

Der Begriff «Immaterialgüterrecht» ist im IPRG *weit gefasst* und umfasst namentlich Urheber-, Patent-, Marken-, Design-, Muster- oder Modellrechte.

Das Internationale Immaterialgüterrecht beruht im Kern auf dem *Schutzlandprinzip.* Das Recht jenes Staates, für den der Schutz des Immaterialgüterrechts beansprucht wird, soll über Bestand, Umfang und Verletzung des Immaterialgüterrechts entscheiden.

b) Zuständigkeit

Streitigkeiten aus Immaterialgüterrechten unterstehen der *allgemeinen Zuständigkeitsordnung von Art. 2 ff. LugÜ.* Für die deliktsrechtlichen Ansprüche ist Art. 5 Ziff. 3 LugÜ zu beachten. Soweit es registrierte Immaterialgüterrechte betrifft, ist für Klagen, welche die Eintragung oder die Gültigkeit des Immaterialgüterrechts zum Gegenstand haben, die *ausschliessliche Zuständigkeit* nach *Art. 22 Ziff. 4 LugÜ* zu beachten. Eine Gerichtsstandsvereinbarung bleibt insoweit ausgeschlossen (Art. 23 Abs. 5 LugÜ).

Nach der Rechtsprechung des EuGH gilt es die ausschliessliche Zuständigkeit des Registerstaates nach Art. 22 Ziff. 4 LugÜ auch zu beachten, wenn die Gültigkeit des Immaterialgüterrechts als blosse *Vorfrage* in Erscheinung tritt. Entsprechend kann bei Verletzungsklagen nicht das Gericht am Deliktsort (Art. 5 Ziff. 3 LugÜ) über die Gültigkeit des Immaterialgüterrechts entscheiden, wenn die beklagte Partei bzw. der angebliche Verletzer z.B. die Nichtigkeit des Immaterialgüterrechts einwendet, sondern muss der Prozess ausgesetzt werden, bis der Registerstaat über den Einwand, d.h. den Bestand des Immaterialgüterrechts entschieden hat.

Ausserhalb des LugÜ bestimmt sich die Zuständigkeit nach *Art. 109 IPRG.* Für Klagen betreffend die Gültigkeit oder die Eintragung von Immaterialgüterrechten in der Schweiz ergibt sich namentlich eine Zuständigkeit am Geschäftssitz des im Register eingetragenen Vertreters oder, wo ein solcher fehlt, am Sitz der schweizerischen Registerbehörde. Für Klagen über die Verletzung von Immaterialgüterrechten sieht Art. 109 Abs. 2 IPRG eine eigenständige, vom Deliktsrecht losgelöste Zuständigkeitsordnung vor. Inhaltlich gleicht diese weitgehend der Regelung in Art. 129 IPRG.

c) Anwendbares Recht

Immaterialgüterrechte unterstehen dem Recht des Staates, für den der Schutz der Immaterialgüter beansprucht wird *(Schutzlandprinzip; Art. 110 Abs. 1 IPRG)*. Diesem Recht unterstehen auch allfällige Ansprüche aus Verletzung von Immaterialgüterrechten, wobei die Parteien nach Eintritt des schädigenden Ereignisses auch das Recht am Gerichtsort wählen können (Art. 110 Abs. 2 IPRG). Die Vorschriften über die unerlaubte Handlung (Art. 132 ff. IPRG) sind nicht anwendbar.

d) Anerkennung und Vollstreckung

Für Entscheidungen aus einem LugÜ-Staat vgl. *Art. 32 ff. LugÜ*. Im Rahmen von Art. 22 Ziff. 4 LugÜ ist eine *Nachprüfung der indirekten Zuständigkeit* vorgesehen *(Art. 35 Abs. 1 LugÜ)*. Für Urteile aus Drittstaaten gelten Art. 25 ff. IPRG i.V.m. *Art. 111 IPRG*. Bei Verletzungsklagen besteht danach eine indirekte Zuständigkeit der Gerichte am Wohnsitz des Beklagten sowie am Handlungs- oder Erfolgsort der Immaterialgüterrechtsverletzung, soweit der Beklagte seinen Wohnsitz bei Anhängigmachung des Verfahrens im Ausland (Rechtshängigkeit) *nicht* in der Schweiz hatte. Bei Klagen betreffend Gültigkeit oder Eintragung von Immaterialgüterrechten sind die Gerichte des Staates indirekt zuständig, für den der Schutz beansprucht wurde. Soweit das Schutzland die indirekte Zuständigkeit weiter regelt, findet dies in der Schweiz Beachtung (Art. 111 Abs. 2 IPRG).

3. Teil: Allgemeine Fragestellungen

§ 1 Zuständigkeit

1. Begriffe

a) Ausgangspunkt: Internationale Zuständigkeit

In grenzüberschreitenden Sachverhalten stellt sich die Frage, *welchen Staates* Gerichte zur Behandlung des Rechtsstreits zuständig sind. Die Antwort darauf geben die Bestimmungen über die internationale Zuständigkeit.

Zentrale Rechtsquellen bilden das IPRG (vgl. Art. 1 Abs. 1 lit. a) und das Lugano-Übereinkommen über die gerichtliche Zuständigkeit und die Anerkennung und Vollstreckung von Entscheidungen in Zivil- und Handelssachen.

b) Örtliche Zuständigkeit

Steht fest, in welchem Staat eine Klage erhoben werden kann, muss weiter bestimmt werden, *wo in diesem Staat* Gerichtszugang eröffnet wird. Die Antwort darauf geben die Regeln über die örtliche Zuständigkeit.

Die Zuständigkeitsvorschriften des IPRG und des LugÜ normieren in der Regel *zugleich* die internationale und die örtliche Zuständigkeit. Sind z.B. nach Art. 113 IPRG die Gerichte am vertraglichen Erfüllungsort zuständig und liegt der Erfüllungsort in Zürich, folgt daraus die internationale Zuständigkeit der Schweizer Gerichte und die örtliche Zuständigkeit der Zürcher Gerichte. Ein Rückgriff auf die Vorschriften der Schweizer Zivilprozessordnung (ZPO, SR 272) ist weder erforderlich noch zulässig. Allenfalls sind jedoch kantonale Gerichtsorganisationsgesetze bzw. Einführungsgesetze zu konsultieren, um die jeweiligen Gerichtssprengel bzw. Gerichtsbezirke ausfindig zu machen.

Ausnahmsweise regelt das *LugÜ nur die internationale Zuständigkeit:* Art. 2 Abs. 1, Art. 9 Abs. 1 lit. a, Art. 12 Abs. 1, Art. 16 Abs. 1 1. Teilsatz, Art. 16 Abs. 2, Art. 19 Ziff. 1, Art. 20 Abs. 1, Art. 22. Dies lässt sich leicht am Wortlaut der einzelnen Zuständigkeitsvorschrift erkennen. So sind z.B. nach Art. 22 Ziff. 1 LugÜ die Gerichte des *gebundenen Staates* zuständig, in dem die unbewegliche Sache belegen ist. Demgegenüber eröffnet z.B. Art. 5 Ziff. 3 LugÜ Gerichtszugang am *Ort,* an dem das schädigende Ereignis eingetreten ist oder einzutreten droht. Im ersten Fall wird *nur* die internationale Zuständigkeit normiert; im zweiten Fall wird *auch* die örtliche Zuständigkeit festgelegt.

Soweit das LugÜ nur die internationale Zuständigkeit vorgibt, ist die örtliche Zuständigkeit den Vorschriften des IPRG zu entnehmen. Ein Rückgriff auf die Normen der ZPO scheidet aus.

c) Sachliche und funktionelle Zuständigkeit

Die Normen über die sachliche Zuständigkeit umschreiben die Aufgabenkreise der Gerichte nach *Natur und Umfang* des eingeklagten Anspruchs und nach der *Person* der Parteien. Bezogen auf die Rechtsnatur des eingeklagten Anspruchs fragt es sich, ob die Straf-, die Verwaltungs- oder die Zivilgerichte zuständig sind. Fällt ein Anspruch in die Zivilgerichtsbarkeit, ist weiter über die Zusammensetzung des *Spruchkörpers* (Einer-, Dreier-, Fünfergericht usw.) und die Kompetenz allfälliger *Fachgerichte* (Handelsgericht, Arbeitsgericht, Mietgericht usw.) zu entscheiden.

Die funktionelle Zuständigkeit fragt nach dem *Instanzenzug.* Ist zuerst ein Schlichtungsverfahren durchzuführen, kann direkt Klage bei Gericht eingereicht werden, besteht ausnahmsweise nur eine kantonale Instanz usw.?

Das Schweizer Recht sieht *keine* besonderen Vorschriften über die sachliche und die funktionelle Zuständigkeit in internationalen Verhältnissen vor. Einschlägig sind die ZPO und die kantonalen Gerichtsorganisations- bzw. Einführungsgesetze (Art. 4 ff. ZPO).

d) Direkte bzw. indirekte Zuständigkeit

Die direkte Zuständigkeit regelt, welches Gericht zur Durchführung des *Erkenntnisverfahrens* zuständig ist (auch Erkenntniszuständigkeit). Wo ist die Klage einzureichen? Welches Gericht darf das Sachurteil fällen?

Die indirekte Zuständigkeit bildet demgegenüber Voraussetzung für die *Anerkennung und Vollstreckung* ausländischer Entscheidungen. Dabei wird geprüft, ob das ausländische (Erkenntnis-)Gericht, welches das Urteil gefällt hat, aus Schweizer Sicht zuständig war, über die Streitsache zu entscheiden.

Das *IPRG* regelt sowohl die direkte Zuständigkeit (der Schweizer Behörden) als auch die indirekte Zuständigkeit (der ausländischen Behörden). Für die direkte Zuständigkeit vgl. Art. 2–10 IPRG sowie die jeweils ersten Bestimmungen in den Abschnitten des BT; für die indirekte Zuständigkeit vgl. Art. 26 IPRG sowie die jeweils letzte Bestimmung in den Abschnitten des BT.

Das *LugÜ* legt die direkte Zuständigkeit in Art. 2–31 fest. Die indirekte Zuständigkeit bildet – anders als im IPRG – für gewöhnlich *keine* Voraussetzung für die Anerkennung und Vollstreckung (Art. 35 Abs. 3 LugÜ). Nur *ausnahmsweise* darf die (indirekte) Zuständigkeit nachgeprüft werden (Art. 35 Abs. 1 LugÜ).

e) Allgemeine bzw. besondere Zuständigkeit

An einem allgemeinen Gerichtsstand kann der Kläger sämtliche Ansprüche gegenüber dem Beklagten geltend machen, ohne Rücksichtnahme auf die Rechtsnatur der jeweiligen Streitsache. Der allgemeine Gerichtsstand befindet sich zunächst am Wohnsitz des

Beklagten (z.B. Art. 2 IPRG, Art. 2 Abs. 1 LugÜ). Weitere allgemeine Gerichtsstände begründen die Zuständigkeit am Ort der Niederlassung der beklagten Partei (S. 125), die Gerichtsstandsvereinbarung (S. 127 ff.), die Einlassung (S. 135 f.) sowie die Gerichtsstände des Sachzusammenhangs (S. 125 ff.).

Die besonderen Gerichtsstände hängen demgegenüber von der Rechtsnatur des eingeklagten Anspruchs ab. Der Gerichtsstand am vertraglichen Erfüllungsort (S. 27 ff.) steht nur für Streitigkeiten aus Vertrag offen, am Deliktsforum (S. 40 f.) kann nur aus Delikt geklagt werden, die erbrechtlichen Zuständigkeiten (S. 96 ff.) stehen für erbrechtliche Belange zur Verfügung usw.

f) Ausschliessliche Zuständigkeit und alternative Zuständigkeit

Ein ausschliesslicher Gerichtsstand liegt vor, wenn nur ein *einziges* Gericht für eine bestimmte Streitsache zuständig ist. Stehen demgegenüber *mehrere* Gerichtsstände offen, spricht man von alternativer Zuständigkeit. In diesem Sinne ausschliesslich oder eben allein zuständig sind etwa die Gerichte nach Art. 22 LugÜ (mit Ausnahme von Art. 22 Ziff. 1 Abs. 2 LugÜ). Ebenso begründet Art. 97 IPRG eine ausschliessliche Zuständigkeit.

g) Gewillkürte Zuständigkeit und zwingende Zuständigkeit

Von gewillkürter Zuständigkeit spricht man, wenn der Gerichtsstand durch *Vereinbarung* oder *Einlassung* begründet wird (Art. 23 f. LugÜ, Art. 5 f. IPRG). Zwingend ist ein Gerichtsstand demgegenüber dann, wenn er nicht durch Gerichtsstandsvereinbarung und – teilweise – Einlassung *wegbedungen* werden kann. Beispiel für eine zwingende Zuständigkeit sind die Gerichtsstände des Konsumentenrechts.

Die Begriffe ausschliessliche und zwingende Zuständigkeit werden oft als *Synonym* verwendet. Dies rührt daher, dass die (aufgeführten) ausschliesslichen Gerichtsstände in der Regel zugleich zwingender Natur sind, d.h. nicht wegbedungen werden können.

2. Rechtsquellen

a) Übersicht

Verschiedene Erlasse enthalten Regeln über die Zuständigkeit in Zivilsachen. Die *ZPO* normiert die Zuständigkeit in Art. 9–46. Das *IPRG* enthält die einschlägigen Vorschriften im AT (Art. 2–10) sowie jeweils an erster Stelle in jedem Abschnitt des BT. Der IPR-Gesetzgeber folgt dem Prinzip «Des-vor-die-Klammer-Ziehens»: Im AT werden solche Gerichtsstände normiert, die in mehr als einem Abschnitt des BT von Bedeutung sein können. Für das *LugÜ* vgl. schliesslich Art. 2–31. Daneben können im Einzelfall weitere multilaterale oder bilaterale Staatsverträge einschlägig sein. Es sei hier auf die jeweilige Speziallliteratur verwiesen (z.B. zum Transportrecht).

Die aufgeführten Erlasse – ZPO, IPRG, LugÜ – sind voneinander wie folgt *abzugrenzen:*

b) ZPO – IPRG/LugÜ

Die ZPO regelt die örtliche Zuständigkeit in *Binnenstreitigkeiten.* Demgegenüber ist die internationale/örtliche Zuständigkeit dem IPRG und/oder dem LugÜ zu entnehmen, wenn die Streitigkeit einen *internationalen Bezug* aufweist. Massgebliches Abgrenzungskriterium zwischen der ZPO einerseits und dem IPRG/LugÜ andererseits ist also das Vorliegen eines *internationalen Sachverhalts.* Internationalität liegt zunächst immer dann vor, wenn Kläger und Beklagter ihren Wohnsitz bzw. Sitz in unterschiedlichen Staaten haben. Für die weiteren massgeblichen Auslandsbezüge vgl. S. 8 f.

c) IPRG – LugÜ

In seinem Anwendungsbereich geht das Lugano-Übereinkommen als staatsvertragliche Regelung den autonomrechtlichen Vorschriften des IPRG vor (Art. 1 Abs. 2 IPRG). Der Anwendungsbereich des LugÜ bestimmt sich wie folgt:

aa) Sachlicher Anwendungsbereich

Nach Art. 1 Abs. 1 findet das LugÜ auf sämtliche Streitigkeiten über *Zivil- und Handelssachen* Anwendung. Nicht erfasst werden demgegenüber *öffentlich-rechtliche,* d.h. namentlich steuer-, zoll- und sonstige verwaltungsrechtliche Angelegenheiten. Vom sachlichen Anwendungsbereich *ausgenommen* sind nach Art. 1 Abs. 2 LugÜ sodann ausdrücklich *folgende Rechtsgebiete:* a) Personen-, Familien- und Erbrecht mit der Gegenausnahme Unterhaltsrecht; b) Konkurse, Vergleiche (d.h. Nachlassverfahren) und ähnliche Verfahren; c) die soziale Sicherheit (v.a. Sozialversicherungsrecht) und d) die Schiedsgerichtsbarkeit.

Der sachliche Anwendungsbereich des LugÜ ist *autonom* auszulegen. Zwei Prinzipien seien hier besonders erwähnt:

1. Für die Abgrenzung zwischen Zivil- und Handelssache (Privatrecht) und verwaltungsrechtlichen Angelegenheiten (öffentliches Recht) wird darauf abgestellt, ob die Streitsache im Kern das *hoheitliche Handeln* eines Staates betrifft. Es betrifft dies Tätigkeiten, die gemäss einem europäischen Verständnis dem Staat vorbehalten sind. Im Übrigen wird eine Zivilsache angenommen. Entsprechend untersteht die Haftung eines Lehrers einer staatlichen Schule dem Übereinkommen, können Schulen doch auch von Privaten betrieben werden. Vergleichbares dürfte auch für die Arzthaftung an öffentlichen Spitälern und dgl. gelten.

2. Die nach Art. 1 Abs. 1 und 2 LugÜ ausgeschlossenen Rechtsgebiete fallen unter das Übereinkommen, soweit sie sich bloss als *Vorfrage* im betreffenden Rechtsstreit stellen. Der Anwendungs-

bereich des LugÜ bestimmt sich nach der Hauptfrage bzw. dem Streitgegenstand. Verlangt etwa A von B Schadenersatz wegen einer Vertragsverletzung, ist das nach LugÜ angerufene Gericht auch zuständig, über einen allfälligen Einwand des B zu befinden, wonach A nicht anspruchsberechtigt sei, weil er nicht als Alleinerbe des ursprünglichen Vertragspartners gelte.

bb) Räumlich-persönlicher Anwendungsbereich

Nach Art. 2 Abs. 1 LugÜ findet das Übereinkommen grundsätzlich Anwendung, wenn der *Beklagte in einem gebundenen Staat Wohnsitz* hat. Demgegenüber fehlt es an der Anwendbarkeit und gelangt daher – andere Staatsverträge vorbehalten – das IPRG zur Anwendung, wenn der *Beklagte in einem Drittstaat* wohnt. Der Sitz von Gesellschaften ist dem Wohnsitz gleichgestellt (vgl. Art. 59 f. LugÜ).

Ausnahmsweise ist der räumlich-persönliche Anwendungsbereich des LugÜ *weiter* gefasst:

- Art. 9 Abs. 2, Art. 15 Abs. 2 und Art. 18 Abs. 2 LugÜ:
  Verfügen der Versicherer, der Anbieter bzw. der Arbeitgeber mit Sitz in einem Drittstaat über eine *Niederlassung in einem gebundenen Staat,* so werden sie – in den betreffenden Rechtsgebieten – für sämtliche Streitigkeiten, die im Zusammenhang mit dem Betrieb dieser Niederlassung stehen, so behandelt, wie wenn sie den Sitz in einem gebundenen Staat hätten.
- Art. 22 LugÜ:
  Die Zuständigkeit bestimmt sich *unabhängig vom Wohnsitz der Parteien* nach dieser Vorschrift, wenn sich der Belegenheitsort der Immobilie, der Sitz der Gesellschaft, der Registerort bzw. der Ort der Zwangsvollstreckung in einem gebundenen Staat befinden.
- Art. 23 LugÜ:
  Die Gerichtsstandsvereinbarung richtet sich nach dem Übereinkommen, wenn eine der Parteien ihren Wohnsitz in einem

gebundenen Staat hat und die Zuständigkeit der Gerichte eines gebundenen Staates vereinbart wird. Auf den Wohnsitz des Beklagten kommt es nicht an. Es genügt auch, wenn der *Kläger* in einem gebundenen Staat wohnt.

Unter diesen Vorgaben findet das Übereinkommen selbst dann Anwendung, wenn der Sachverhalt Bezugspunkte nur zu *einem* gebundenen Staat und im Übrigen zu Drittstaaten aufweist. Berührungspunkte zu mehreren gebundenen Staaten sind nicht erforderlich. So richtet sich namentlich die Klage eines Drittstaaters (z.B. Wohnsitz in den USA) gegenüber einer Person mit Wohnsitz in einem gebundenen Staat (z.B. Schweiz) vor den Gerichten des betreffenden Staates (Schweiz) nach dem Übereinkommen.

cc) Zeitlicher Anwendungsbereich

Die Bestimmungen des LugÜ 2007 finden in der Schweiz auf sämtliche Klagen Anwendung, die nach dessen Inkrafttreten in der Schweiz, d.h. nach dem 01.01.2011, erhoben wurden. Für die Anerkennung und Vollstreckung gilt das LugÜ 2007, wenn dieses bei Anhängigmachung der Klage im *Erkenntnisstaat* und bei Ersuchen um Anerkennung im *Vollstreckungsstaat* Geltung hatte (Art. 63 Abs. 1 LugÜ).

d) Exkurs: Rechtslage in der EU

Das LugÜ stellt ein Parallelübereinkommen zu der in der EU geltenden Verordnung (EG) Nr. 44/2001 des Rates vom 22.12.2000 über die gerichtliche Zuständigkeit und die Anerkennung und Vollstreckung von Entscheidungen in Zivil- und Handelssachen (Brüssel I-VO) dar. Diese wurde in der EU zwischenzeitlich durch die Verordnung (EU) Nr. 1215/2012 (Brüssel Ia-VO) ersetzt (vgl. oben S. 4 f.). *Innerhalb* der EU wenden die Mitgliedstaaten die Brüssel Ia-VO an. Das LugÜ kommt demgegenüber aus Sicht der EU-Mitgliedstaaten im Verhältnis zu den Nur-LugÜ-Staaten (Schweiz, Norwegen und Island) zur Anwendung. Die Brüssel Ia-VO und das

LugÜ begründen beide *Erlasse des Europarechts.* Bei Auslegungsfragen dürfen (erst- und zwischeninstanzliche Gerichte) bzw. müssen (letztinstanzliche Gerichte) die Gerichte der EU-Mitgliedstaaten den *EuGH* um *Vorabentscheidung* ersuchen.

Zahlreiche weitere Aspekte des Internationalen Zivilprozessrechts (z.B. die grenzüberschreitende Beweisaufnahme und -zustellung, das Insolvenzrecht, das Mahnverfahren) sind heute in der EU durch Verordnungsrecht vereinheitlicht. Die bestehenden Lücken, in denen derweil weiterhin das autonome Recht der Mitgliedstaaten oder staatsvertragliches Recht zum Tragen kommt, dürften über kurz oder lang durch den EU-Gesetzgeber geschlossen werden. Am Ende dieses Wegs könnte eine Europäische Zivilprozessordnung stehen.

3. Das Prinzip der *lex fori*

Das angerufene Gericht wendet sein *eigenes Prozessrecht* an (Prinzip der prozessualen *lex fori*). Aus der Bejahung der internationalen Zuständigkeit folgt zugleich die Anwendung des eigenen Prozessrechts. In der Schweiz gilt die *ZPO.* Soweit IPRG und Staatsverträge keine Vorschriften enthalten, ist diese auch in internationalen Sachverhalten zu beachten (Art. 2 ZPO).

Alsdann wendet jedes Gericht sein *eigenes Kollisionsrecht* an (Prinzip der kollisionsrechtlichen *lex fori*). Bei einer Klage in der Schweiz bestimmt sich das anwendbare Recht nach Schweizer Kollisionsrecht (IPRG). Wird der Streit demgegenüber vor den deutschen Gerichten ausgetragen, ist deutsches Kollisionsrecht massgeblich (EU-VO, EGBGB usw.). Soweit die Schweiz und Deutschland unterschiedliche Kollisionsregeln vorsehen, wird mit der Wahl der Zuständigkeit zugleich Einfluss auf das in der Sache anwendbare materielle Recht genommen.

4. Forum shopping – Forum running

Aus den soeben aufgeführten Prinzipien – *prozessuale lex fori/kollisionsrechtliche lex fori* – ergibt sich die Möglichkeit des sog. *Forum shoppings* bzw. *Forum runnings.* Als *Forum shopping* wird die Situation bezeichnet, in der dem *Kläger* eine Gerichtszuständigkeit in mehreren Staaten zur Verfügung steht. Der Kläger kann etwa wählen, ob er seine Klage in den USA, in Italien oder in der Schweiz anhängig macht. Mit seiner Wahl nimmt der Kläger zugleich Einfluss auf das anwendbare Prozess-, Kollisions- und – gegebenenfalls – gar materielle Recht. Damit kann der Kläger ganz massgeblich Einfluss nehmen auf den Gang des Verfahrens. Soweit die finanziellen Mittel die notwendigen Abklärungen erlauben, ist anzunehmen, dass der Kläger die Klage in jenem Staat einbringen wird, in dem er sich das beste Ergebnis erhofft.

Mit dem Begriff *Forum running* wird die gegenteilige Situation beschrieben, in der ein potenzieller *Beklagter* die aufgeführten Vorteile für sich nutzbar machen will. Die Regeln über die Rechtshängigkeit (vgl. S. 142 ff.) besagen, dass ein Rechtsstreit im Grundsatz von dem Gericht beurteilt wird, bei dem der Streit *zuerst* anhängig gemacht wurde. Danach kann ein Wettstreit zwischen Kläger und Beklagtem hinsichtlich der Wahl des Forums entbrennen (oder eben *Forum running*). Dabei mag der potenziell Beklagte versuchen, mittels einer *negativen Feststellungsklage* (gemeint ist ein Begehren, wonach der Beklagte dem Kläger nichts schulde) dem Kläger bei der Wahl zuvorzukommen. Soweit im Einzelfall die Voraussetzungen für eine negative Feststellungsklage vorliegen (diese bestimmen sich nach dem Prozessrecht des angerufenen Gerichts), kann der Beklagte auf diese Weise die mit dem Gerichtsstand verbundenen Vorteile für sich in Anspruch nehmen.

5. Prüfung der Zuständigkeit

Die Zuständigkeit des angerufenen Gerichts begründet eine Prozessvoraussetzung (vgl. Art. 59 Abs. 2 lit. b ZPO). Entsprechend tritt das Gericht auf die Klage nicht ein, wenn die Voraussetzungen für seine Zuständigkeit nicht erfüllt sind. Dabei fällt es ein *Prozess- und nicht ein Sachurteil.* Wird das falsche Gericht angerufen, ergeben sich mithin nicht die Wirkungen einer *res iudicata,* es sei denn, es würde die identische Streitsache nochmals vor das falsche Gericht getragen. Eine Klage am zuständigen Forum bleibt weiterhin möglich.

Die zuständigkeitsbegründenden Tatsachen (z.B. Wohnsitz, Belegenheit, Erfüllungsort usw.) müssen grundsätzlich spätestens im *Urteilszeitpunkt* vorliegen. Zieht der Beklagte somit z.B. nach Anhängigmachung des Rechtsstreites erst in den Gerichtskreis, so ist die Zuständigkeit des angerufenen Gerichtes gleichwohl begründet. Eine bei Anhängigmachung der Klage bestehende Zuständigkeit kann indes nicht mehr dahinfallen *(perpetuatio fori).* Zieht der Beklagte während des Verfahrens weg, entfällt deswegen die Zuständigkeit des Gerichts nicht.

Als Prozessvoraussetzung hat das angerufene Gericht seine Zuständigkeit *von Amtes wegen* zu prüfen. Dies gilt auch mit Blick auf den massgeblichen Sachverhalt. Es gelten die Offizial- und die Untersuchungsmaxime. Dabei ist zu beachten, dass das Gericht dem Beklagten die Möglichkeit einräumen muss, sich zur Frage der Zuständigkeit zu äussern. Dies folgt indirekt aus dem Gerichtsstand der Einlassung. Zwingende Gerichtsstände vorbehalten, ist es dem Beklagten möglich, durch seine Teilnahme am Prozess die Zuständigkeit des angerufenen Gerichts zu bewirken. Entsprechend darf der Nichteintretensentscheid erst gefällt werden, *nachdem* der Beklagte die Möglichkeit hatte, sich einzulassen (vgl. z.B. Art. 26 LugÜ).

6. Doppelrelevante Tatsachen

Das Prinzip der amtswegigen Prüfung der Zuständigkeit erfährt bei Vorliegen von sog. doppelrelevanten Tatsachen eine Einschränkung. Als doppelrelevant gelten solche *Tatsachen*, die *sowohl* für die Begründung der *Zuständigkeit als auch* für den Erlass des *materiellen Entscheids* massgeblich sind. Als Beispiel mögen Klagen aus Vertrag oder Delikt dienen. Verlangt der Kläger Schadenersatz etwa in Folge einer Vertragsverletzung und macht er seinen Anspruch am vertraglichen Erfüllungsort (Art. 113 IPRG, Art. 5 Ziff. 1 LugÜ) geltend, ist der Bezug zu einem vertraglichen Verhältnis sowohl Voraussetzung für die Zuständigkeit als auch für den Erfolg der Klage an sich. Dies zeigt sich eindrücklich dort, wo der Beklagte das Zustandekommen des Vertrages bestreitet. In solchen Fällen – d.h. bei doppelrelevanten Tatsachen – genügt es, wenn der zuständigkeitsbegründende Sachverhalt (*in casu* der Vertrag) dem Gericht glaubhaft erscheint. Alsdann erfolgt die weitergehende Prüfung im Rahmen des Hauptverfahrens. Zeigt sich dort, dass die doppelrelevante Tatsache (*in casu* der Vertrag) nicht vorliegt, führt dies zur Abweisung der Klage (und nicht etwa zu einem Nichteintretensentscheid).

7. Hinweise zu einzelnen Zuständigkeiten

a) Zuständigkeit am Wohnsitz des Beklagten

Der *allgemeine Gerichtsstand* am Wohnsitz des Beklagten steht grundsätzlich immer zur Verfügung. Ausnahmen ergeben sich bei der ausschliesslichen Zuständigkeit (vgl. z.B. Art. 22 LugÜ) sowie dort, wo die Parteien den Gerichtsstand wirksam wegbedungen haben (Gerichtsstandsvereinbarung). Zur Bestimmung von Wohnsitz und Sitz vgl. S. 17 f.

b) Zuständigkeit am Ort der Niederlassung des Beklagten

Vgl. S. 27.

c) Zuständigkeiten des Sachzusammenhangs

aa) Widerklage

Der Gerichtsstand der Widerklage ermöglicht es dem Beklagten, seinerseits am Ort des Hauptverfahrens gegen den Kläger gerichtlich vorzugehen. Rechtsgrundlage bilden *Art. 8 IPRG* und *Art. 6 Ziff. 3 LugÜ*. Voraussetzung für den Gerichtszugang ist, dass der widerklageweise geltend gemachte Anspruch in einem *Sachzusammenhang* zur Hauptsache steht. Der Sachzusammenhang kann rechtlicher (Ansprüche aus demselben Vertrag) oder tatsächlicher (Ansprüche aus dem gleichen Lebensvorgang, z.B. derselbe Unfall) Natur sein.

Von der Widerklage abzugrenzen ist die *Verrechnung*, welche ohne jede weitere Voraussetzung am Ort des Hauptverfahrens geltend gemacht werden kann. Die Widerklage beginnt dort, wo die Verrechnung endet, so insbes. dort, wo die Gegenforderung höher ist als die Hauptforderung oder wo Haupt- und Gegenforderung eine unterschiedliche Natur aufweisen (einer Sachforderung wird eine Geldforderung gegenübergestellt).

bb) Passive Streitgenossenschaft

Art. 8a Abs. 1 IPRG und *Art. 6 Ziff. 1 LugÜ* ermöglichen es, am Gerichtsstand eines Schuldners weitere Schuldner ins Recht zu fassen. Voraussetzung ist wiederum das Vorliegen eines *Sachzusammenhangs* (vgl. oben), der in diesem Fall zwischen den Ansprüchen des Gläubigers gegenüber den verschiedenen Schuldnern bestehen muss. Die Inanspruchnahme dieses Gerichtsstands setzt nach Art. 6 Ziff. 1 LugÜ weiter voraus, dass der Kläger am Wohnsitzgerichtsstand *eines der Beklagten* vorgeht. Anders Art. 8a Abs. 1 IPRG: Dort kommt jede Zuständigkeit als Grundlage für den Gerichtsstand der Streitgenossenschaft in Frage. Dafür eröffnet Art. 8a IPRG *nur* eine *örtliche Zuständigkeit.* Ein Zusammenziehen der Verfahren gegenüber den verschiedenen Beklagten ist nur dann möglich, wenn bereits (aus anderem Grund) eine Zuständigkeit für jeden Beklagten in der Schweiz besteht.

Beispiel zu Art. 8a IPRG: Der Kläger wohnt in der Schweiz, der Beklagte 1 wohnt in Deutschland und der Beklagte 2 wohnt in den USA. Zwischen dem Kläger und dem Beklagten 1 besteht eine Gerichtsstandsvereinbarung lautend auf die Zuständigkeit der Gerichte in Zürich. Ein gemeinsames Vorgehen gegenüber dem Beklagten 1 und dem Beklagten 2 gestützt auf Art. 8a IPRG ist nur möglich, wenn für eine Klage gegenüber dem Beklagten 2 auch im Übrigen eine Schweizer Zuständigkeit besteht, z.B. weil der vertragliche Erfüllungsort in der Schweiz liegt (Art. 113 IPRG) oder das Delikt in der Schweiz begangen wurde (Art. 129 Abs. 2 IPRG).

cc) Streitverkündungsklage

Eine Streitverkündungsklage (auch Interventions-, Gewährleistungs- und/oder Regressklage genannt) ist in der Schweiz nach den Voraussetzungen von *Art. 8b IPRG* oder *Art. 6 Ziff. 2 LugÜ* möglich. Bei der Streitverkündungsklage erhebt der Beklagte im Hauptverfahren seinerseits eine Klage gegen einen Dritten, an dem er sich im Falle des Unterliegens im Hauptverfahren *schadlos halten* will. Anwendungsfälle bilden etwa das Kaufrecht, wo der wegen Mangelhaftigkeit des Kaufgegenstands ins Recht gefasste Verkäufer Rückgriff auf den Hersteller nimmt, oder Delikte mit mehreren Haftpflichtigen (z.B. Solidarschuldnern), wenn der Geschädigte nur einen Schuldner ins Recht fasst und dieser Regress auf die weiteren Schuldner nehmen möchte.

Voraussetzung für die Eröffnung des Gerichtsstands bildet wiederum das Vorliegen eines *Sachzusammenhangs* (vgl. S. 125), wobei dieser *in casu* zwischen dem im Hauptverfahren und dem im Rahmen der Streitverkündungsklage geltend gemachten Anspruch bestehen muss. Anders als Art. 6 Ziff. 2 LugÜ regelt Art. 8b IPRG wiederum *nur* die *örtliche Zuständigkeit:* Voraussetzung ist, dass bereits aus einem anderen Grund eine Zuständigkeit gegenüber dem Streitverkündungsbeklagten in der Schweiz eröffnet wird.

dd) Klagehäufung

Art. 8a Abs. 2 IPRG sieht den Gerichtsstand der objektiven Klagehäufung vor. Danach ist es dem Kläger möglich, verschiedene, nebeneinander bestehende Ansprüche gegenüber dem Beklagten an einem Gerichtsstand geltend zu machen. Zwischen den Ansprüchen muss wiederum ein *Sachzusammenhang* (vgl. S. 125) bestehen. Eine entsprechende Zuständigkeit ist im *LugÜ nicht* vorgesehen. Dies zeigt sich ganz deutlich in der Rechtsprechung des EuGH, wonach am Deliktsort (Art. 5 Ziff. 3 LugÜ) ausschliesslich deliktsrechtliche und nicht auch parallel bestehende vertragliche Ansprüche (z.B. Anspruchskonkurrenz) geltend gemacht werden können (und *vice versa*). Will der Kläger seine Forderung sowohl delikts- als auch vertragsrechtlich begründen, muss er grundsätzlich am Wohnsitz des Beklagten vorgehen. Ausgenommen bleiben Fälle, in denen der Deliktsort und der vertragliche Erfüllungsort räumlich zusammenfallen.

d) Gerichtsstandsvereinbarung

aa) Grundlagen

Die Voraussetzungen, unter denen die Parteien den Gerichtsstand gültig vereinbaren können, werden im *IPRG* in *Art. 5* und im *LugÜ* in *Art. 23* festgelegt. Die beiden Rechtsquellen sind wie folgt gegeneinander *abzugrenzen:* Art. 23 LugÜ findet Anwendung, wenn Parteien, von denen wenigstens eine ihren Wohnsitz in einem gebundenen Staat hat, die Zuständigkeit eines LugÜ-Staates vereinbaren. Art. 5 IPRG verbleibt die Regelung der übrigen Fälle, in denen Parteien mit Wohnsitz in Drittstaaten die Zuständigkeit eines gebundenen Staates (z.B. der Schweizer Gerichte) vereinbaren bzw. in denen – unabhängig vom Wohnsitz der Parteien – die Gerichte eines Drittstaats für zuständig erklärt werden.

Beispiele:

- A hat Sitz in Deutschland, B hat Sitz in der Schweiz, die Vereinbarung lautet auf die Zuständigkeit der Gerichte in Berlin: LugÜ
- A hat Wohnsitz in den USA, B hat Wohnsitz in der Schweiz, die Vereinbarung lautet auf die Zuständigkeit der Gerichte in Zürich: LugÜ
- A hat Wohnsitz in den USA, B hat Wohnsitz in der Schweiz, die Vereinbarung lautet auf die Zuständigkeit der Gerichte in New York: IPRG (so muss z.B. ein Schweizer Gericht, das entgegen der Vereinbarung angerufen wird, nach Art. 5 IPRG beurteilen, ob seine Zuständigkeit wirksam wegbedungen wurde)
- A hat Wohnsitz in den USA, B hat Wohnsitz in Japan, die Vereinbarung lautet auf die Zuständigkeit der Gerichte in Zürich: IPRG

Eine (gewisse) Erweiterung erfährt der räumlich-persönliche Anwendungsbereich des LugÜ in Art. 23 Abs. 3 LugÜ: Erklären zwei Drittstaater die Gerichte eines LugÜ-Staates für zuständig, so soll *allein das gewählte* Gericht nach seinem (autonomen) Recht entscheiden, ob die Gerichtsstandsvereinbarung gültig geschlossen wurde. Alle anderen LugÜ-Staaten dürfen sich nur dann zuständig erklären, wenn das gewählte Gericht rechtskräftig über seine Unzuständigkeit entschieden hat.

bb) Gerichtsstandsvereinbarung – Gerichtsstandsklausel

Die Parteien können den Gerichtsstand grundsätzlich jederzeit, d.h. sowohl vor als auch nach Entstehung eines Rechtsstreits, vereinbaren. Dabei spricht man von einer Gerichtsstandsklausel, wenn die Parteien die Zuständigkeit in eine Bestimmung ihres (Gesamt-) Vertrages kleiden. Die entsprechende Klausel findet sich typischerweise in den Schlussbestimmungen des Vertrages oder in den beiliegenden AGB. Eine *klassische Formulierung* lautet etwa: «Für sämtliche Streitigkeiten aus oder im Zusammenhang mit diesem Vertrag ausschliesslich zuständig sind die Gerichte in [Ortsangabe].»

Von einer Gerichtsstandsvereinbarung im weiteren Sinn spricht man, wenn die Parteien für eine bereits entstandene, konkrete Streitigkeit den Gerichtsstand wählen. Diese Erscheinungsform der Gerichtsstandsvereinbarung ist *in praxi* eher selten anzutreffen.

cc) Zulässigkeit von Gerichtsstandsvereinbarungen

Der Gerichtsstand kann i.d.R. nur in *vermögensrechtlichen* Angelegenheiten gewählt werden. Dies ist in Art. 5 IPRG ausdrücklich vorgesehen. Für Art. 23 LugÜ folgt es mittelbar aus der Umschreibung des sachlichen Anwendungsbereichs des Übereinkommens. Insoweit sind Gerichtsstandsvereinbarungen in sämtlichen Rechtsgebieten denkbar (z.B. auch Unterhalts-, Güter- und Erbrecht). Klassisches Anwendungsgebiet bleibt freilich das Internationale Vertragsrecht.

Gleichwohl es sich um vermögensrechtliche Streitigkeiten handelt, bleibt die Gerichtsstandsvereinbarung in jenen Rechtsgebieten ausgeschlossen, in denen der Gerichtsstand *zwingend* geregelt wird. Entsprechende Einschränkungen ergeben sich namentlich im *sozialen Zivilprozess* (Verbraucher-, Versicherungs- und Arbeitsrecht) sowie bei den *ausschliesslichen Gerichtsständen* nach Art. 22 LugÜ und Art. 97 IPRG.

dd) Form

Im Ausgangspunkt soll die Gerichtsstandsvereinbarung *schriftlich* getroffen werden. Schriftlichkeit bedeutet nach herkömmlichem Verständnis, dass zum einen der Wortlaut der Vereinbarung *in Text* vorliegt und zum anderen die Parteien diesen *handschriftlich* unterzeichnen.

Dieses klassische Schriftformerfordernis wird sowohl in Art. 5 IPRG als auch in Art. 23 Abs. 2 LugÜ *aufgeweicht*, indem moderne Übermittlungsformen wie Fax, E-Mail usw. der Schriftlichkeit gleichgestellt werden. Dies geht so weit, als dass nach heute h.L. überhaupt, d.h. unabhängig vom gewählten Kommunikationsmittel, auf das Erfordernis der eigenhändigen Unterschrift *verzichtet* wird. Ausreichend erscheint danach, dass der Wortlaut der Vereinbarung in Text vorliegt, soweit sich zugleich durch Text nachweisen lässt, dass sich die Parteien mit Bezug darauf geeinigt haben. Entsprechend reicht es aus, wenn in einem Briefwechsel Bezug genommen wird auf AGB, welche eine Gerichtsstandsklausel vorsehen, soweit der Text der AGB der anderen Partei zugleich zugänglich gemacht wird. Eine Unterschrift ist nicht erforderlich. Ebenfalls ausreichend erscheinen moderne Formen des Internetvertriebs, wo die nachfragende Partei die Website des Anbieters besucht und in diesem Zusammenhang ein Kästchen anklickt, wonach sie mit den AGB des Anbieters einverstanden sei und der Anbieter unter Bezugnahme auf diese AGB den Vertragsschluss mittels E-Mail bestätigt. Der Wortlaut der Gerichtsstandsvereinbarung (AGB), das Anklicken des Kästchens und die bestätigende E-Mail, sie alle können ausgedruckt, d.h. in Text zugänglich gemacht, werden.

Zusätzliche Formerleichterungen ergeben sich im Anwendungsbereich von Art. 23 LugÜ: Danach sind Gerichtsstandsvereinbarungen auch formgültig geschlossen

- bei mündlicher Vereinbarung mit schriftlicher Bestätigung (sog. *halbe Schriftlichkeit)*

- wenn ihre Form den Gepflogenheiten entspricht, die zwischen den Parteien entstanden sind, sowie
- im internationalen Handel, wenn die Form einem Handelsbrauch entspricht, den die Parteien kannten oder kennen mussten und der im betreffenden Geschäftszweig regelmässig Beachtung findet.

Die beiden erstgenannten Varianten – mündliche Vereinbarung mit schriftlicher Bestätigung bzw. zwischen den Parteien entstandene Gepflogenheit – haben in der Praxis namentlich dort eine Rolle gespielt, wo im Rahmen einer laufenden Geschäftsbeziehung AGB mehrfach und wiederholt rechtlich (eigentlich) unwirksam Verwendung gefunden haben, so etwa weil sie *verspätet* erst auf der Rückseite der Rechnung abgedruckt wurden. Wird ein solcher Vorgang zwischen den Parteien zu einer *eigentlichen Praxis* und wehrt sich keine der Parteien je dagegen, gehen die Gerichte nach einer gewissen Zeit von einer stillschweigenden mündlichen Vereinbarung mit schriftlicher Bestätigung (im Rahmen der Rechnungsstellung) oder von einer Gepflogenheit i.S.v. Art. 23 LugÜ aus. Die an dritter Stelle aufgeführte Variante – Handelsbrauch – hat in der Praxis v.a. im Zusammenhang mit *Konnossementen* Bedeutung erfahren. Für den Sonderfall des Trusts vgl. schliesslich Art. 23 Abs. 4 LugÜ.

ee) Konsens

Die Frage, ob sich die Parteien mit Bezug auf die Gerichtsstandsvereinbarung geeinigt haben – d.h. ob Konsens vorliegt – wurde herkömmlicherweise nach der *lex causae* beantwortet. Soweit die Parteien nichts anderes vereinbarten, wurde auf das Recht verwiesen, dem der Vertrag, der die Gerichtsstandsvereinbarung enthielt, unterstand. Diese Auffassung wurde vom EuGH *relativiert.* Nach seiner Rechtsprechung gehen Konsensfragen weitgehend in den Formerfordernissen von Art. 23 Abs. 1 LugÜ auf. Gemäss EuGH begründet die Gerichtsstandsvereinbarung eine Annahme vom allgemeinen Gerichtsstand im Wohnsitzstaat des Beklagten (Art. 2

Abs. 1 LugÜ). Als solche ist sie *eng* auszulegen. Entsprechend setzt der EuGH den Nachweis voraus, dass sich die Parteien *tatsächlich* über den Gerichtsstand geeinigt haben. Die Formvorschriften sollen nachweislich sicherstellen, dass eine entsprechende Einigung zweifelsfrei feststeht. Wird also die Formgültigkeit bejaht, weil die Gerichtsstandsklausel in Textform vorliegt und sich durch Text nachweisen lässt, dass sich die Parteien mit Bezug darauf geeinigt haben, besteht für weitergehende Erwägungen zum Konsens kaum mehr Raum. Ein Rückgriff auf das materielle Recht kommt einzig noch für *komplexere Fragen des Vertragsschlusses* (z.B. Willensmängel, Stellvertretung) in Betracht.

ff) Bestimmtheitsgebote

Die Gerichtsstandsvereinbarung hat sich auf eine *bestimmte Rechtsstreitigkeit* oder zumindest auf künftige Streitigkeiten, die sich aus einer *bestimmten Rechtsbeziehung* ergeben könnten, zu beziehen. Bei Gerichtsstandsklauseln in einem Vertrag geht es demnach etwa um Streitigkeiten aus oder im Zusammenhang mit diesem Vertrag. Weiter kann sich eine Gerichtsstandsklausel in den Statuten einer Gesellschaft etwa auf sämtliche Streitigkeiten zwischen der Gesellschaft und ihren Teilhabern sowie gar auf gesellschaftsrechtliche Streitigkeiten unter den Teilhabern erstrecken. An die Bestimmtheit werden insoweit nur geringe Anforderungen gestellt.

Weiter haben die Parteien die zuständigen *Gerichte bestimmbar zu bezeichnen*. Unter dem LugÜ reicht es aus, wenn die Zuständigkeit der Gerichte eines gebundenen Staates (internationale Zuständigkeit; z.B. Gerichtsstand Schweiz) festgelegt wird. Im Anwendungsbereich des IPRG verlangt das BGer die Nennung des örtlich zuständigen Gerichts (z.B. Gerichtsstand Basel). *In praxi* empfiehlt sich in jedem Fall die konkrete Angabe des örtlich zuständigen Gerichts. Diese kann direkt durch Bezeichnung des Gerichts erfolgen. Ebenso möglich erscheint eine indirekte Benennung z.B. mit der Formulierung: «Zuständig sind die Gerichte am Sitz der Verkäuferin.»

gg) Wirkungen der Gerichtsstandsvereinbarung

Sowohl im IPRG als auch im LugÜ wird *vermutet,* dass das gewählte Gericht *ausschliesslich* zuständig sein soll. Alle anderen von Gesetzes wegen eröffneten Gerichtsstände werden wegbedungen. Der Grundsatz der Parteiautonomie ermöglicht den Parteien freilich auch eine andere Regelung. Verbreitet sind etwa sog. *Flip-Flop-Klauseln,* wonach jeweils die Gerichte am Wohnsitz der beklagten Partei ausschliesslich zuständig sein sollen. Aber auch *einseitig begünstigende Klauseln* sind weit verbreitet, wobei sich die wirtschaftlich stärkere Partei i.d.R. vorbehält, ihre Klage vor das gewählte Forum oder vor jeden von Gesetzes wegen eröffneten Gerichtsstand zu bringen. In diesem Zusammenhang hat die Rechtsprechung schon mehrfach festgehalten, dass aus der Tatsache *allein,* dass die Parteien die Zuständigkeit der Gerichte am Wohnsitz *einer* der Parteien wählen, *nicht* abgeleitet werden darf, es liege eine einseitig begünstigende Gerichtsstandsvereinbarung vor, mit der Folge, dass diese Partei eine allfällige Klage auch vor alle andern von Gesetzes wegen zuständigen Gerichte bringen könnte.

hh) Einzelfragen

Art. 5 Abs. 3 IPRG gewährt dem vereinbarten Gericht ein beschränktes *Ablehnungsrecht.* Eine Pflicht zur Zuständigkeitsausübung besteht nur, wenn wenigstens eine der Parteien ihren Wohnsitz/gewöhnlichen Aufenthalt/Niederlassung im Gerichtskanton hat oder in der Sache Schweizer Recht anwendbar ist. Im Übrigen steht es *im Ermessen* des Gerichtes, von der Behandlung der Streitsache abzusehen. Gerade für den Fall, in dem zwei Drittstaater als neutrales Forum die Zuständigkeit der Schweizer Gerichte vereinbaren möchten (z.B. eine Partei mit Wohnsitz in den USA und eine Partei mit Wohnsitz in Japan wollen die Zuständigkeit des Zürcher Handelsgerichts wählen), empfiehlt es sich, zugleich eine Rechtswahl zugunsten des Schweizer Rechts zu treffen (Art. 116 IPRG). Andernfalls besteht die Gefahr, dass das gewählte Gericht auf die Klage nicht eintritt. Das *LugÜ* sieht *kein vergleichbares Ablehnungsrecht* des vereinbarten Gerichtes vor.

Am Beispiel von Art. 5 Abs. 3 IPRG zeigt sich die Gefahr von sogenannten *negativen Kompetenzkonflikten* in internationalen Streitigkeiten. Wählen die US-amerikanische und die japanische Partei den Gerichtsstand Zürich ohne ihr Rechtsverhältnis dem Schweizer Recht zu unterstellen, mögen die Zürcher Gerichte die Zuständigkeit nach Art. 5 Abs. 3 ~~LugÜ~~ gegebenenfalls *ablehnen*. Demgegenüber kann aus Sicht der japanischen und der US-amerikanischen Gerichte eine gültige Gerichtsstandsvereinbarung vorliegen, weshalb sich diese ebenfalls als *unzuständig* erachten. Dem Kläger droht in diesem Fall ein negativer Kompetenzkonflikt: Im Ergebnis ist kein Gericht zuständig, seine Klage zu beurteilen. Die Lösung mag allenfalls in der Schweizer Notzuständigkeit von Art. 3 IPRG liegen. Bis sich der Kläger auf Art. 3 IPRG berufen kann, hat er indes i.d.R. schon viel Zeit und Geld aufwenden müssen, um überhaupt ein zuständiges Forum zu finden. Es lohnt sich daher – gerade bei Gerichtsstandsvereinbarungen – sorgsam mit der Zuständigkeit umzugehen.

Weiter sieht *Art. 5 Abs. 2 IPRG* einen allgemeinen *Rechtsmissbrauchsvorbehalt* vor. Danach ist eine Gerichtsstandsvereinbarung unwirksam, wenn einer Partei ein Gerichtsstand des schweizerischen Rechts missbräuchlich entzogen wird. Das *LugÜ verzichtet* auf einen *vergleichbaren Missbrauchsvorbehalt*.

Von der Gerichtsstandsvereinbarung abzugrenzen ist die sog. *Erfüllungsortsvereinbarung*. Vereinbaren die Parteien in einem Vertrag den Erfüllungsort z.B. der Lieferverpflichtung oder der Dienstleistungserbringung, so begründet dies mittelbar über Art. 5 Ziff. 1 LugÜ bzw. Art. 113 IPRG eine Wahl des Gerichtsstandes. Gleichwohl liegt keine Gerichtsstandsvereinbarung im Rechtssinn vor: Namentlich finden die *besonderen Formvorschriften* von Art. 5 IPRG bzw. Art. 23 LugÜ *keine Anwendung*. Ebenso greift die Vermutung der Ausschliesslichkeit nicht. Der Gerichtsstand am Erfüllungsort wird vielmehr alternativ eröffnet. In den Fällen indes, in denen die Parteien mit der Erfüllungsortsvereinbarung einzig bezwecken, den Gerichtsstand zu regeln, ohne dass eine tatsächliche Erfüllung am betreffenden Ort in Erwägung gezogen würde, finden die Regeln über die Gerichtsstandsvereinbarung auch auf die Erfüllungsortsvereinbarung Anwendung. Dies dürfte namentlich auf die verbreiteten Standardklauseln in AGB zutreffen, wonach für sämtliche Leistungen aus dem Vertrag der Sitz des Anbieters als Erfüllungsort zu gelten hat.

Nach Auffassung des BGer umfasst die Gerichtsstandsvereinbarung auch die Zuständigkeit für *vorsorgliche Massnahmen*. Solche müssen demnach ausschliesslich am gewählten Forum beantragt werden. Eine davon abweichende Zuständigkeit insbes. der Gerichte am Vollstreckungsort der Massnahme wird abgelehnt, es sei denn, der Gesuchsteller könne am vereinbarten Gericht aufgrund der Umstände (z.B. Dringlichkeit, keine grenzüberschreitende Vollstreckung von vorsorglichen Massnahmen) *keinen wirksamen Rechtsschutz* erfahren. Nach der hier vertretenen Auffassung sollte demgegenüber die Zuständigkeit zum Erlass von vorsorglichen Massnahmen am Vollstreckungsort trotz Gerichtsstandsvereinbarung vermutungsweise vorbehalten bleiben.

e) Einlassung

Der Beklagte kann sich der Zuständigkeit des vom Kläger angerufenen Gerichtes unterwerfen, indem er sich auf das Verfahren einlässt: *Art. 6 IPRG, Art. 24 LugÜ*. Die Einlassung wird auch als nachträgliche Gerichtsstandsvereinbarung bezeichnet, wobei der Kläger durch Einreichung seiner Klage eine entsprechende Offerte unterbreitet, welche der Beklagte durch Teilnahme am Verfahren annimmt. Entsprechend wird die Einlassung im Zusammenhang mit der Gerichtsstandsvereinbarung geregelt. Diese Sichtweise trifft freilich *nicht* zu, was sich ganz einfach daran erkennen lässt, dass die Einlassung nicht vom Willen des Beklagten abhängt. Es genügt vielmehr ein bestimmtes äusseres Verhalten – z.B. eine Stellungnahme in der Streitsache – und der Beklagte lässt sich (auch unbewusst) auf das Verfahren ein bzw. begründet die Gerichtszuständigkeit.

Die Einlassung ist nur in *vermögensrechtlichen* Angelegenheiten (vgl. S. 129) zulässig. Einschränkungen bestehen sodann gegebenenfalls mit Bezug auf zwingende Gerichtsstände (Angelegenheiten des sozialen Zivilprozesses, ausschliessliche Gerichtsstände gemäss Art. 22 LugÜ bzw. Art. 97 IPRG; vgl. S. 129).

Als Einlassung gilt jedes *Verhandeln in der Hauptsache vor Gericht,* d.h. jegliche Erklärung des Beklagten, weshalb das vom Kläger Verlangte von ihm nicht geschuldet sei.

Nicht als Einlassung gelten demgegenüber folgende Verhaltensweisen:

- das Nichterscheinen vor Gericht (Säumnis);
- Eventualausführungen zur Hauptsache bei gleichzeitiger Bestreitung der Zuständigkeit des Gerichtes;
- Äusserungen vor dem eigentlichen gerichtlichen Verfahren, insbes. die Teilnahme am Schlichtungsverfahren;
- Handlungen im Vorfeld zu eigentlichen Verteidigungshandlungen wie Anträge auf Aussetzung oder Vertagung des Verfahrens.

Die Bestreitung anderer Prozessvoraussetzungen (etwa die Einrede der Rechtshängigkeit oder die Rüge der sachlichen Unzuständigkeit) stellt nach Art. 24 LugÜ eine Einlassung dar. Abweichendes soll bei Art. 6 IPRG gelten.

f) Zuständigkeit in den besonderen Rechtsgebieten

Bei Streitigkeiten aus Vertrag ist der Gerichtsstand am vertraglichen Erfüllungsort zu beachten (vgl. S. 27 ff.). Bei Delikten wird der Gerichtsstand am Ort der unerlaubten Handlung eröffnet (vgl.

S. 39 f.). Bei dinglichen Streitigkeiten kann schliesslich ein Forum am Ort der Sachbelegenheit begründet sein (vgl. S. 103 f.).

g) Zuständigkeit am Arrestort

Nach Art. 272 Abs. 1 SchKG sind zur Sicherung von Geldforderungen die Behörden am Betreibungsort sowie die Behörden am Lageort von Schuldnervermögen zuständig, Vermögenswerte des Schuldners zu verarrestieren. Der Arrest ist im Schweizer Recht eine besondere Erscheinungsform des vorläufigen Rechtsschutzes. Entsprechend wird vom Arrestgläubiger verlangt, dass er den Arrest prosequiert (vgl. nachfolgend S. 140). Hierfür stellt ihm *Art. 4 IPRG* eigens eine Zuständigkeit der schweizerischen Gerichte zur Verfügung. Soweit das IPRG keine andere Zuständigkeit in der Schweiz eröffnet, kann der Gläubiger den Arrest am schweizerischen Arrestort prosequieren. Die Tatsache, dass der Schuldner über Vermögenswerte in der Schweiz verfügt (z.B. ein Konto bei einer Schweizer Bank), kann demnach Grund für eine Zuständigkeit der Schweizer Gerichte in der Hauptsache sein, ohne dass es eines über Art. 271 Abs. 1 Ziff. 4 SchKG hinausgehenden Bezugs zwischen der Hauptsache und der Schweiz bedürfte.

Die derart weitgefasste Zuständigkeit der Schweizer Gerichte wird teilweise kritisiert. Art. 4 IPRG gilt als sog. *exorbitanter Gerichtsstand.* Er steht in einer Reihe mit vergleichbaren Zuständigkeiten des ausländischen Rechts, so etwa dem Gerichtsstand der blossen Anwesenheit des Beklagten im Inland bei Zustellung der Klage im *Common Law* oder dem Gerichtsstand der Staatsangehörigkeit, der es nach französischer Auffassung allen Inländern erlaubt, ihre Klage vor ein französisches Gericht zu bringen. Solchermassen exorbitante Zuständigkeitsausübung ist im Anwendungsbereich des *Lugano-Übereinkommens untersagt.* Dies folgt ausdrücklich aus Art. 3 Abs. 2 LugÜ in Verbindung mit den in Anhang 1 zum LugÜ aufgeführten exorbitanten Gerichtsständen.

8. Vorsorglicher Rechtsschutz

a) Gegenstand und Inhalt

Das Prozessrecht dient der Durchsetzung des materiellen Rechts. Dabei soll das (End-)Urteil den Rechtsschutz gewähren. *Effektiver Rechtsschutz* ist auf diesem Weg indes nicht immer erhältlich. Ein gerichtliches Verfahren kann – selbst vor einer Instanz – mehrere Jahre dauern. Die auf dem Spiel stehenden Ansprüche mögen ein so langes Zuwarten allenfalls nicht erlauben. Effektiver Rechtsschutz mag daher ein *sofortiges Handeln* erfordern. Dies geschieht mit den Mitteln des vorsorglichen Rechtsschutzes.

Vorsorgliche Massnahmen können *jederzeit* vor oder nach Einleitung des Hauptverfahrens beantragt bzw. erlassen werden. Sie haben primär *negativen,* sichernden Charakter (Unterlassen, z.B. einer persönlichkeitsverletzenden Publikation oder eines wettbewerbswidrigen Vertriebs); ausnahmsweise sind auch *positive* Leistungsmassnahmen zulässig (z.B. Herausgabe einer Sache). Gegenüber Leistungsmassnahmen ist indes eine gewisse Zurückhaltung geboten: Die Verpflichtung zu einer positiven Leistung im Rahmen des vorsorglichen Rechtsschutzes birgt die Gefahr der Vorwegnahme bzw. Präjudizierung des Hauptsacheurteils in sich.

b) Besonderheiten im Schweizer Recht

Der vorsorgliche Rechtsschutz in der Schweiz ist *zweigeteilt:* Die Sicherung von *Geldforderungen* erfolgt mit wenigen Ausnahmen über das SchKG (Art. 269 lit. a ZPO). Primäres Sicherungsmittel ist der *Arrest* nach Art. 271 ff. SchKG. Die Sicherung *sonstiger Ansprüche* geschieht mittels *vorsorglicher Massnahmen* nach Art. 261 ff. ZPO. Diese Zweiteilung – Arrest nach SchKG bzw. vorsorgliche Massnahme nach ZPO – gilt auch in internationalen Sachverhalten.

c) Allgemeine Voraussetzungen

Die Voraussetzungen des vorsorglichen Rechtsschutzes nach ZPO und SchKG sind ähnlich, wenngleich nicht identisch. Zur Erwirkung einer vorsorglichen Massnahme nach Art. 261 ff. ZPO hat der Gesuchsteller Folgendes *glaubhaft zu machen:* 1. Vorliegen eines Anspruches, 2. Dringlichkeit, 3. einen nicht wieder gutzumachenden Nachteil und 4. ein überwiegendes Interesse verglichen mit den Interessen des Gesuchsgegners. Beim *Arrest* hat der Gesuchsteller nach Art. 272 Abs. 1 SchKG demgegenüber das Folgende *glaubhaft* zu machen: 1. Vorliegen eines Anspruchs, 2. Vorliegen eines Arrestgrundes nach Art. 271 (z.B. Ausländerarrest nach Abs. 1 Ziff. 4 oder – neu – das Vorhandensein eines definitiven Rechtsöffnungstitels nach Abs. 1 Ziff. 6) und 3. Vermögensgegenstände in der Schweiz.

d) Zuständigkeit

Im Anwendungsbereich des *LugÜ* sind gemäss EuGH folgende Gerichte zur Gewährung von vorsorglichem Rechtsschutz zuständig: 1. die in der Hauptsache nach Art. 2 ff. LugÜ zuständigen Gerichte und 2. nach *Art. 31 LugÜ* die gestützt auf nationales Recht zuständigen Behörden, soweit ein *ausreichender Bezug* zwischen der Streitsache und diesem LugÜ-Staat besteht. Letzteres wird v.a. mit Bezug auf die Zuständigkeit der Gerichte am *Vollstreckungsort* bejaht. Der in Art. 31 LugÜ vorgesehene Vorbehalt zugunsten des nationalen Rechts wird in der Schweiz durch *Art. 10 IPRG* und *Art. 272 Abs. 1 SchKG* ausgefüllt. Diesen Vorschriften ist weiter auch die Zuständigkeit der Schweizer Behörden in den Fällen zu entnehmen, in denen das LugÜ nicht anwendbar ist (z.B. erbrechtliche Streitigkeit i.S.v. Art. 1 Abs. 2 lit. a LugÜ oder Gesuchsgegner mit Wohnsitz in einem Drittstaat). Für den Erlass von vorsorglichen Massnahmen gemäss Art. 261 ff. ZPO sind danach zuständig die Hauptsachegerichte und die Gerichte am Vollstreckungsort. Der Arrest kann demgegenüber am Ort, an dem sich die Vermögensgegenstände befinden (Vollstreckungsort) sowie am Betreibungsort bewilligt werden.

e) Grundsätze des Verfahrens

Der vorsorgliche Rechtsschutz kann *einseitig, ohne Anhörung der Gegenseite,* angeordnet werden. Insoweit spricht man von *superprovisorischen Massnahmen.* Voraussetzung dafür ist das Vorliegen einer Vereitelungsgefahr durch den Gesuchsgegner, z.B. durch Fortschaffung der Vermögensgegenstände. Bei vorsorglichen Massnahmen gemäss ZPO wird die diesbezügliche Gefahr im Einzelfall vom Gericht nachgeprüft. Demgegenüber wird der Arrest standardmässig einseitig, d.h. ohne Anhörung der Gegenseite, angeordnet. Zwecks Sicherung des rechtlichen Gehörs ist alsdann in beiden Fällen der Gesuchsgegner (nachträglich) anzuhören. Daher lädt das Gericht nach Art. 265 Abs. 2 ZPO unmittelbar nach Anordnung der superprovisorischen Massnahme die Parteien zur Verhandlung oder setzt dem Gesuchsgegner Frist für eine schriftliche Stellungnahme. Vergleichbar kann, wer von einem Arrest betroffen ist, nach Art. 278 SchKG Einsprache beim Gericht erheben. Vorsorglicher Rechtsschutz, der *nach Anhörung der Gegenseite* Bestätigung erfährt, wird als *provisorische Massnahme* bezeichnet.

Der vorsorgliche Rechtsschutz schafft einen *vorläufigen Rechtszustand.* Er dient der Sicherung der Hauptsacheentscheidung. Daher wird vom Gesuchsteller verlangt, dass er nach Erlass einer vorsorglichen Massnahme bzw. nach Bewilligung des Arrests innert Frist das Hauptsacheverfahren einleitet (d.h. die vorsorgliche Massnahme *prosequiert),* sofern dies nicht schon geschehen ist. Unterlässt der Gesuchsteller die Prosekution, fällt der vorsorgliche Rechtsschutz dahin.

Der Gesuchsgegner kann durch den vorsorglichen Rechtsschutz einen Schaden erleiden. Stellt sich im Rahmen der Hauptsacheentscheidung heraus, dass der behauptete Anspruch nicht besteht bzw. verzichtet der Gesuchsteller auf die Prosekution und erweist sich der vorsorgliche Rechtsschutz aus diesem Grund nachträglich als unberechtigt, ist dem Gesuchsgegner ein allfälliger Schaden zu ersetzen. Nach den einschlägigen Prozessgesetzen hat der Gesuchsgegner das Recht, zur Sicherstellung dieses Schadenersatzanspruches eine *Kaution* zu beantragen.

f) Anerkennung und Vollstreckung

Gemäss Rechtsprechung des EuGH sind *provisorische Massnahmen* nach *Art. 32 ff. LugÜ* in allen gebundenen Staaten vollstreckbar. *Superprovisorische Massnahmen* gelten demgegenüber nicht als Entscheidung i.S. des Übereinkommens und können daher nicht nach Art. 32 ff. LugÜ vollstreckt werden. *Davon weicht das BGer ab.* Es lässt die Vollstreckung von superprovisorischen Massnahmen nach Art. 32 ff. LugÜ zu, wenn der ausländische Staat ein Verfahren vorsieht, welches sicherstellt, dass dem Gesuchsgegner nachträglich das rechtliche Gehör gewährt wird.

Im Anwendungsbereich des *IPRG* ist die Anerkennung und Vollstreckung ausländischer vorsorglicher Massnahmen nach wie vor *umstritten.*

Soweit die im Ausland erlassene provisorische oder superprovisorische Massnahme nach dortigem Recht vollstreckbar ist, gilt sie als vollstreckbarer gerichtlicher Entscheid bzw. als *definitiver Rechtsöffnungstitel* i.S.v. Art. 80 Abs. 1 SchKG. Entsprechend liegt ein Arrestgrund nach Art. 271 Abs. 1 Ziff. 6 SchKG vor. Verknüpft mit der einseitigen Vollstreckbarerklärung nach Art. 41 LugÜ (vgl. S. 178) wird den Anspruchsgläubigern im Ergebnis ein sehr effizientes Schutz- bzw. Angriffsinstrument zur Verfügung gestellt. Es mag sich fragen, ob die Interessen des Schuldners dabei noch ausreichend gewahrt werden.

Beispiel: Nach den Vorschriften des englischen Rechts sind die dortigen Gerichte gegebenenfalls zuständig, Vermögenswerte auch ausserhalb Englands zu blockieren (sog. *freezing injunction*). Ein Gesuchsteller könnte daher vor einem Gericht in London superprovisorisch die Sperre eines Schweizer Bankkontos erwirken. Der diesbezügliche Entscheid wäre nach der Rechtsprechung des BGer in der Schweiz vollstreckbar (Art. 32 ff. LugÜ), soweit der Gesuchsgegner nach englischem Recht in einem späteren Zeitpunkt das Recht hat, sich zur Sperre des Bankkontos zu äussern. Die Vollstreckbarerklärung in der Schweiz erfolgt nach Art. 41 LugÜ zunächst einseitig, ohne Anhörung des Gesuchsgegners. Das Gericht hat danach auf Antrag hin die zur Sicherung des Anspruchs notwendigen Massnahmen zu ergreifen (Art. 47 Abs. 3 LugÜ). Dies geschieht durch Anordnung eines Arrests gemäss Art. 271 Abs. 1 Ziff. 6 sowie Art. 271 Abs. 3 SchKG. *De facto* bedeutet dies, dass der Gesuchsteller sofort nach Erlass der londoner *freezing injunction* in der Schweiz gestützt auf Art. 41 LugÜ in Verbindung mit Art. 271 SchKG Arrest auf das Schweizer Bankkonto legen kann. Der Gesuchsgegner hat bis dahin keinerlei Kenntnis von den Verfahren in London und in der Schweiz.

9. Rechtshängigkeit

a) Gegenstand und Grundlagen

In einer Streitsache besteht Gerichtszugang oft in mehreren Staaten bzw. wird mehr als ein Gerichtsstand eröffnet (vgl. vorstehend S. 124 ff.). Damit verbunden ist die Gefahr, dass ein Rechtsstreit *parallel* an mehreren Orten geführt wird. Der Kläger klagt auf Erfüllung des Vertrages sowohl in der Schweiz als auch in Deutschland. Daraus folgen möglicherweise *sich widersprechende Entscheidungen*. Die deutschen Gerichte verurteilen den Beklagten zur Zahlung, während die Schweizer Gerichte die Klage abweisen. Solche

Widersprüche gestalten sich insbes. deshalb problematisch, weil Entscheidungen heute i.d.R. über die Grenzen hinweg vollstreckt werden können. Ein deutsches Urteil kann in der Schweiz und ein Schweizer Urteil in Deutschland vollstreckt werden. Widersprüchliche Entscheidungen sind daher möglichst zu vermeiden. Letzteres bezwecken die Vorschriften über die Internationale Rechtshängigkeit, denen zufolge die Gerichte eines Staates von der Behandlung eines Rechtsstreites Abstand nehmen müssen, wenn dieser bereits vor den Gerichten eines anderen Staates anhängig ist.

Das *LugÜ* regelt die Rechtshängigkeit in *Art. 27–30.* Es findet im Verhältnis zwischen den Gerichten der gebundenen Staaten Anwendung. Im Übrigen gilt *Art. 9 IPRG.* Anderweitige staatsvertragliche Regelungen bleiben vorbehalten (z.B. Art. 31 CMR, siehe Art. 67 LugÜ).

b) Voraussetzungen für die Beachtung ausländischer Rechtshängigkeit

aa) Verfahren in der Schweiz

Ausgangspunkt bildet die Einleitung eines Erkenntnisverfahrens in der Schweiz (Schlichtungsverfahren, Klage usw.).

bb) Verfahren im Ausland

Im Rahmen des Schweizer Verfahrens zeigt sich, dass auch im Ausland ein Verfahren eingeleitet wurde.

cc) Gleiche Streitsache

Das Verfahren im Ausland betrifft alsdann die gleiche Streitsache. Nach der vom EuGH entwickelten *Kernpunkttheorie* muss es sich nicht in jeder Hinsicht um identische Klagen handeln. Ausreichend erscheint vielmehr, dass die Rechtsstreite im Wesentlichen, d.h. im Kern, den gleichen Anspruch bzw. den gleichen Sachverhalt betreffen. Im Sinne einer Faustregel ist dies zu bejahen, wenn aus den

Verfahren Entscheidungen hervorgehen könnten, die sich im Inhalt *gegenseitig ausschliessen.* Folgerichtig ist heute nicht länger umstritten, dass eine *negative Feststellungsklage* und eine *positive Leistungsklage* die gleiche Streitsache betreffen können. Klagt der vermeintliche Schuldner im Staat A auf Feststellung, dass er nichts schulde, und klagt der vermeintliche Gläubiger im Staat B auf Leistung, so betrifft dies die gleiche Streitsache, soweit es inhaltlich um den gleichen Anspruch aus dem gleichen Rechtsverhältnis geht.

dd) Gleiche Parteien

Die Streitsache muss nicht nur dem Inhalt nach, sondern auch hinsichtlich der Parteien identisch sein. Auf die jeweilige *Parteirolle* (Kläger bzw. Beklagter) kommt es nicht an.

ee) Zeitliche Priorität

Das Schweizer Verfahren muss zeitlich *nach* dem ausländischen Verfahren rechtshängig gemacht worden sein. Der Zeitpunkt der Rechtshängigkeit bestimmt sich im LugÜ abschliessend nach *Art. 30 LugÜ.* In der Schweiz wird auf den Zeitpunkt abgestellt, in dem das verfahrenseinleitende Schriftstück bei Gericht eingereicht worden ist. Im Ausland kommt es gegebenenfalls auf den Zeitpunkt der Zustellung des Klägers an den Beklagten an, soweit diese vor Einreichung der Klage an das Gericht zu erfolgen hat (z.B. England).

Nach Art. 62 LugÜ gilt als Gericht jede Behörde, die vom betreffenden Staat als zuständig bezeichnet worden ist. Daraus dürfte geschlossen werden, dass entgegen der bisherigen Praxis auch im Anwendungsbereich des LugÜ die *Einleitung eines Schlichtungsverfahrens* die Rechtshängigkeit bewirkt.

Beurteilt sich die Rechtshängigkeit nach Art. 9 IPRG, erscheint aus Schweizer Sicht die Einleitung eines Schlichtungsverfahrens ebenso ausreichend. Demgegenüber ist der Zeitpunkt der ausländischen

Rechtshängigkeit nach Massgabe des ausländischen Prozessrechts festzulegen (Art. 9 Abs. 2 IPRG).

ff) Bei Art. 9 IPRG zusätzlich: positive Anerkennungsprognose

Art. 9 IPRG setzt weiter eine positive Anerkennungsprognose voraus. Das ausländische Verfahren findet nur insoweit Beachtung, als es zu einer Entscheidung führen kann, die in der Schweiz anerkannt wird (Art. 9 Abs. 1 IPRG *in fine*). Das *LugÜ* kennt *keine entsprechende Voraussetzung.*

gg) Bei Art. 9 IPRG zusätzlich: keine unangemessen lange Verfahrensdauer im Ausland

Nach Art. 9 Abs. 1 IPRG muss schliesslich zu erwarten sein, dass die ausländischen Behörden innert vernünftiger Frist eine Entscheidung treffen. Ist im Ausland mit einer übermässigen Verfahrensdauer zu rechnen, greift die Rechtshängigkeitssperre nicht. Massstab bildet der *Anspruch auf rechtliches Gehör* nach Art. 29 Abs. 1 BV bzw. Art. 6 Abs. 1 EMRK. Das *LugÜ* kennt *keine vergleichbare Voraussetzung.*

c) Rechtsfolgen

aa) Im LugÜ

Sind die Voraussetzungen von Art. 27 LugÜ erfüllt, setzt das später angerufene Gericht das Verfahren von Amtes wegen aus, bis die Zuständigkeit des zuerst angerufenen Gerichtes feststeht. Davon ist auszugehen, wenn nach dem Recht des Erststaates die internationale Zuständigkeit nicht mehr in Zweifel gezogen werden kann (Rechtskraft hinsichtlich der Frage der Zuständigkeit). Danach erklärt sich das später angerufene Gericht zugunsten des zuerst angerufenen Gerichts für unzuständig.

bb) Im IPRG

Sind die Voraussetzungen von Art. 9 IPRG erfüllt, setzt das Schweizer Gericht das Verfahren von Amtes wegen aus. Alsdann tritt es auf die Klage nicht ein, sobald ihm eine ausländische Entscheidung vorgelegt wird, die in der Schweiz anerkannt werden kann (Art. 9 Abs. 3 IPRG).

Lehnt demgegenüber das zuerst angerufene Gericht seine Zuständigkeit ab und tritt es auf das Verfahren nicht ein, setzt das später angerufene Gericht sein Verfahren fort. Insoweit erscheint unklar, welche Bedeutung Vorschriften wie Art. 63 Abs. 1 ZPO im internationalen Rechtsverkehr zukommt. Danach bleibt die Rechtshängigkeit im Anschluss an den Nichteintretensentscheid für einen Monat fortbestehen und kann der Kläger die Klage erneut an einem anderen (zuständigen) Forum einbringen. Es steht zu bezweifeln, ob ein solcher Fortbestand der Rechtshängigkeit, z.B. einer negativen Feststellungsklage, ein anderes Gericht zu blockieren vermag, das schon zuvor, z.B. mit einer Leistungsklage, angerufen wurde.

d) Konnexe Verfahren nach Art. 28 LugÜ

Das System der *internationalen Verfahrenskoordination* findet in Art. 28 LugÜ eine *Weiterung*. Ausländische Verfahren können danach selbst dort berücksichtigt werden, wo sich die Gerichte der gebundenen Staaten nicht mit der gleichen Streitsache, aber doch immerhin mit konnexen, d.h. im Zusammenhang stehenden Streitsachen, befassen. *Konnexität* i.S.v. Art. 28 Abs. 3 LugÜ ist anzunehmen, wenn zwischen den Klagen eine so enge Beziehung besteht, dass eine gemeinsame Verhandlung und Entscheidung geboten erscheint, um zu vermeiden, dass in getrennten Verfahren widersprechende Entscheidungen ergehen könnten. Zum besseren Verständnis ist auf die Konstellationen in Art. 6 LugÜ zu verweisen: Gerichtsstände des Sachzusammenhangs, d.h. passive Streitgenossenschaft, Streitverkündungsklage, Widerklage. In den entsprechenden Prozesskonstellationen liegt jeweils keine gleiche Streitsache i.S.v. Art. 27 LugÜ vor. Gleichwohl wird ein Sachzusammenhang begründet, der eine gemeinsame Behandlung durch ein Gericht als sinnvoll erscheinen lässt. Art. 6 LugÜ eröffnet hier indes lediglich eine Option, d.h., der Kläger kann die Verfahren an einem Forum beurteilen lassen, er muss es aber nicht. Die mehreren Beklagten können jeweils separat in verschiedenen Staaten belangt werden, der «Widerkläger» kann seinen Anspruch in einem anderen Staat selbständig geltend machen, der Regress kann separat in einem anderen Staat eingeklagt werden usw.

Für die so in mehreren Staaten befassten Gerichte schafft Art. 28 LugÜ eine Möglichkeit der Verfahrenskoordination. Besteht zwischen den Klagen ein *vergleichbarer Sachzusammenhang,* kann (nicht: muss) das später angerufene Gericht das Verfahren aussetzen, d.h. mit seiner Entscheidung zuwarten, bis das zuerst angerufene Gericht über den im Zusammenhang stehenden Rechtsstreit entschieden hat. Nach Art. 28 Abs. 2 LugÜ kann (nicht: muss) das später angerufene Gericht sich sodann auch für unzuständig erklären, wenn das zuerst angerufene Gericht für sämtliche sich im Streit befindlichen Klagen zuständig ist und eine Verbindung der Klagen nach dessen Recht zulässig ist. Dies ist allerdings nur so lange möglich, als beide Verfahren noch in der ersten Instanz anhängig sind.

§ 2 Anwendbares Recht

1. Grundlagen

a) Kollisionsrechtliche Methode vs. Statutismus

In internationalen Sachverhalten gilt es festzulegen, nach welcher materiellen Rechtsordnung der Sachverhalt zu beurteilen ist. Im Verlaufe der Zeit wurden verschiedene Methoden entwickelt, wie die Abgrenzung der Rechtsordnungen vorzunehmen ist. Heute kommen im Wesentlichen noch *zwei Ansätze* zum Tragen – die kollisionsrechtliche und die statutistische Methode –, wobei seit Mitte der 1850er Jahre (vgl. vorstehend S. 15) der kollisionsrechtlichen Methode Vorrang zukommt.

Im *Kollisionsrecht* werden einzelne Komplexe von Rechts- und Sachfragen gebildet *(Verweisungsbegriff;* z.B. Güterrecht, Erbrecht, dingliche Rechte an unbeweglichen Sachen, dingliche Rechte an beweglichen Sachen usw.). Diese werden mittels einer Anknüpfung *(Anknüpfungsbegriff)* einer bestimmten materiellen Rechtsordnung (*lex causae, Sachstatut)* zugewiesen. In der Sache soll jenes (auch ausländisches) Recht berufen werden, das mit dem Sachverhalt am *engsten zusammenhängt.* Die Rechtsordnungen der einzelnen Staaten sind in dieser Konzeption im Ausgangspunkt *gleichwertig* und *austauschbar.* Sie haben grundsätzlich universelle Geltung. Über ihre Anwendbarkeit entscheidet das Kollisionsrecht im Einzelfall.

Beispiel: Im ZGB und im OR finden sich keine Bestimmungen, welche den räumlichen Geltungsbereich der Gesetze umschreiben würden. Die Vorschriften finden dem Wortlaut nach grundsätzlich auf alle Sachverhalte Anwendung. Die Abgrenzung erfolgt durch das IPRG. So bestimmt etwa Art. 35 IPRG, dass die Handlungsfähigkeit dem Recht am Wohnsitz einer Person untersteht. Daraus folgt, dass die Art. 12–19 ZGB über die Handlungsfähigkeit grundsätzlich nur mit Bezug auf natürliche Personen Anwendung finden, die in der Schweiz ihren Wohnsitz haben. Liegt der Wohnsitz einer natürlichen Person im Ausland, gelten – Art. 35 Satz 2 und Art. 36 IPRG vorbehalten – die dortigen Vorschriften über die Handlungsfähigkeit.

Im Unterschied dazu wird bei der *statutistischen Methode* der räumliche Geltungsbereich des materiellen Rechts direkt durch das materielle Recht selbst umschrieben.

Beispiel: Nach Art. 2 Abs. 2 Kartellgesetz (SR 251) findet dieses auf Sachverhalte Anwendung, die sich in der Schweiz auswirken, auch wenn sie im Ausland veranlasst wurden. Das Kartellgesetz umschreibt seinen räumlichen Geltungsbereich mithin selbst. Es bestimmt zugleich über die Zuständigkeit der Schweizer Wettbewerbsbehörden hinsichtlich internationaler Kartellrechtsfälle, wobei die Schweizer Wettbewerbsbehörden ausschliesslich Schweizer Kartellrecht anwenden.

Die Schweiz folgt im Privatrecht vorwiegend der kollisionsrechtlichen Methode. Das IPRG bestimmt durch Kollisionsnormen das jeweils anwendbare materielle Recht. Im Gegensatz dazu werden das Straf- und das öffentliche Recht vom statutistischen Ansatz beherrscht (vgl. nur Art. 3 ff. Strafgesetzbuch; SR 311.0).

Ein *Brückenschlag* erfolgt in Art. 18 f. IPRG. Danach gehen *Eingriffsnormen* gegebenenfalls der kollisionsrechtlichen Verweisung vor. Eingriffsnormen sind Vorschriften des materiellen Rechts, die auch in internationalen Sachverhalten zwingend zur Anwendung gelangen wollen. Es handelt sich mitunter vielfach um Normen des öffentlichen Rechts, die entsprechend dem statutistischen Ansatz anzuknüpfen sind und sich indirekt auf privatrechtliche Sachverhalte auswirken können. So z.B. das bereits erwähnte Kartellgesetz, welches die Nichtigkeit von zivilrechtlichen (z.B. Liefer-)Verträgen vorschreibt, welche den Regeln des Wettbewerbsrechts widersprechen. Dies soll im Geltungsbereich des Kartellgesetzes (vgl. vorstehend: «Auswirkungen auf die Schweiz») auch dann gelten, wenn auf den Vertrag (etwa aufgrund einer Rechtswahl nach Art. 116 IPRG) ausländisches Recht Anwendung findet. Art. 18 IPRG kann hier dem Kartellgesetz gegebenenfalls zum Durchbruch verhelfen. Im Einzelnen dazu nachfolgend S. 165 ff.

b) Ein Rechtsverhältnis, eine Verweisung

Kollisionsnormen sind im Ausgangspunkt *weit gefasst,* mit dem Ziel, ein Rechtsverhältnis jeweils ganzheitlich einer materiellen Rechtsordnung zuzuweisen. Eine Aufspaltung soll aus Gründen des Sachzusammenhangs möglichst vermieden werden. Normdiskrepanzen und Wertungswidersprüche wären andernfalls vorprogrammiert. Entsprechend soll der Vertrag insgesamt einem Recht unterstehen – und zwar, mit den Worten des deutschen Rechtsgelehrten KEGEL «von der Wiege bis zur Bahre», d.h. von der Entstehung bis hin zur Beendigung. Vergleichbares gilt für Delikte, für den Nachlass usw.

Gegen diese Einheitsbehandlung kann das kollisionsrechtliche Ideal des engsten Zusammenhangs sprechen. Auch materiell-rechtliche Wertungen können ihr entgegenstehen. Beide können zu einer gesonderten Behandlung einzelner Aspekte eines Rechtsverhältnisses Anlass geben. Alsdann wird von einer *Sonderanknüpfung* gesprochen. Entgegen dem zuvor zu Verträgen Ausgeführten, werden z.B. das Schweigen auf einen Antrag, die Form von Verträgen oder auch die Stellvertretung nach Art. 123 ff. IPRG separat bzw. gesondert angeknüpft (vgl. S. 37 ff.). Weitergehend dazu nachfolgend S. 157 ff.

c) Kollisionsrechtliche Gerechtigkeit

Ziel der kollisionsrechtlichen Verweisung ist das Auffinden jener Rechtsordnung, welche den *engsten Bezug* zum Sachverhalt aufweist. Dieses Ziel wird als *kollisionsrechtliche Gerechtigkeit* bezeichnet. Auf den Inhalt des berufenen materiellen Rechts kommt es nicht an. Namentlich wird nicht ein irgendwie bestes Recht gesucht (kein sog. *better-law-approach);* so verschieden die einzelnen materiellen Rechtsordnungen sind, aus Sicht des Kollisionsrechts sind sie alle gleich.

Das Ergebnis der materiellen Rechtsanwendung bleibt also – in den Schranken des *Ordre public* (dazu nachfolgend S. 167 f.) – ohne

Einfluss auf die Verweisung. Davon wird ausnahmsweise insbes. aus *sozialpolitischen Motiven* sowie aus Gründen der *Rechtssicherheit* abgewichen. So will das Kollisionsrecht gegebenenfalls dem Kindeswohl dienen oder den Arbeitnehmer schützen, indem eine für das Kind oder den Arbeitnehmer günstige Rechtsordnung berufen wird. Oder es wird auf eine Mehrheit von Rechtsordnungen verwiesen, um die Formgültigkeit eines Rechtsgeschäfts zu begünstigen. In diesen Fällen nehmen Erwägungen zur materiell-rechtlichen Gerechtigkeit unmittelbar Einfluss auf die kollisionsrechtliche Verweisung.

2. Einzelfragen der Verweisung

a) Qualifikation

Die *Auslegung von Kollisionsnormen* wird auch als Qualifikation bezeichnet. Dabei sind auch im IPR im Ausgangspunkt die bekannten Auslegungsregeln zu beachten: grammatikalische, historische, systematische und teleologische Auslegung. Die Grundstruktur des heute geltenden Internationalen Privatrechts – IPR ist nationales Recht, nationales Recht trifft auf internationale Sachverhalte – führt indes zu zusätzlichen Auslegungsschwierigkeiten, die üblicherweise als «Qualifikationsprobleme» bezeichnet werden. Letztere beruhen namentlich auf folgenden drei Ursachen:

- *Systemlücken des eigenen materiellen Rechts:*
  Das ausländische Recht kann Rechtsinstitute vorsehen, die dem schweizerischen Recht *unbekannt* sind. Als erstes Beispiel hierfür galt früher der angelsächsische Trust, der zwischenzeitlich in den Art. 149a ff. IPRG eine Regelung erfahren hat. Ein weiteres Beispiel bildet die im Schweizer Recht unbekannte Brautgabe nach islamischem Recht. Nach welcher Kollisionsnorm soll diese angeknüpft werden?
- *Systemlücken des eigenen IPR:*
  Das materielle Schweizer Recht kennt Rechtsinstitute, die im IPRG *keine spezifische Regelung* erfahren haben. Beispiele bilden

die GoA, das Rechnungslegungsrecht oder auch das Verlöbnis. Nach welcher Kollisionsnorm sollen entsprechende Rechtsfragen angeknüpft werden?

- *Systemunterschiede zwischen eigenem und ausländischem Recht:*
  Das ausländische Recht kann eine Fragestellung dem *Prozessrecht* zuordnen, welche aus schweizerischer Sicht dem *materiellen Recht* zugehört. Beispiele bilden Verjährungs- und Verwirkungsfristen. Sollen solche Fristen nach den Regeln des Kollisionsrechts einer Rechtsordnung zugewiesen werden oder findet hier der Grundsatz der prozessualen *lex fori* Anwendung?

Derlei Qualifikationsprobleme lassen sich mit den herkömmlichen Auslegungsmethoden allein *nicht* bewältigen. Im IPR wurden daher zusätzliche Auslegungsmethoden entwickelt. Folgende seien hier aufgeführt:

- *Qualifikation lege fori:*
  Inländische Behörden legen die Vorschriften des Internationalen Privatrechts nach den übrigen im Inland geltenden Normen und Begrifflichkeiten aus. Ein Vertrag i.S.v. Art. 116 ff. IPRG ist ein Vertrag i.S.v. Art. 1 ff. OR, eine Gesellschaft i.S.v. Art. 150 ff. IPRG ist eine Gesellschaft i.S.v. Art. 530 ff. OR usw. Mit der Qualifikation *lege fori* kann den zuvor aufgeführten Qualifikationsproblemen *nicht* beigekommen werden. Dennoch folgt ihr die Rechtsprechung in vielen Fällen.
- *Qualifikation lege causae:*
  Begriffe im Internationalen Privatrecht werden so ausgelegt, wie sie in der in der Sache berufenen Rechtsordnung verstanden werden. Das nach Art. 116 ff. IPRG berufene Recht bestimmt, was ein Vertrag ist, das nach Art. 154 IPRG berufene Recht bestimmt, was eine Gesellschaft ist usw. Mit der Qualifikation *lege causae* lassen sich gewisse Qualifikationsprobleme lösen. Ihr lastet jedoch der Vorwurf des *Zirkelschlusses* und der *Komplexität* an. Das vermeintlich berufene Recht soll darüber bestimmen, ob es berufen werden soll.

- *Autonome Qualifikation:*
  Die Begriffe des IPR erfahren eine autonome, eigenständige Auslegung, die auf die Besonderheiten des internationalen Rechtsverkehrs Rücksicht nimmt und namentlich auch auf einer rechtsvergleichenden Analyse beruht. Ob Ansprüche aus *c.i.c.* dem Vertrags-, dem Delikts- oder dem Gesellschaftsrecht zuzuordnen sind, entscheidet sich im IPR unabhängig vom materiellen Recht, gestützt auf eine autonome Begriffsbildung. Diese Art der Auslegung wird den aufgeführten Qualifikationsproblemen am besten gerecht. Sie ist namentlich in Staatsverträgen vorherrschend. Gleichwohl ist auch nicht zu verkennen, dass eine autonome Qualifikation mit *Aufwand* verbunden ist und ihr z.T. etwas *Künstliches, Ergebnisbezogenes* anhaftet.

b) Arten von Kollisionsnormen

Das IPR unterscheidet im Wesentlichen *zwei* Arten von Kollisionsnormen: die allseitigen und die einseitigen Kollisionsnormen.

Kann als Rechtsfolge das Schweizer Recht oder ein ausländisches Recht berufen werden, liegt eine *allseitige Kollisionsnorm* vor. Als Beispiel genannt sei Art. 99 Abs. 1 IPRG. Danach unterstehen dingliche Rechte an Grundstücken dem Recht am Ort der gelegenen Sache. Bei Grundstücken in der Schweiz findet demnach Schweizer, bei Grundstücken in Frankreich französisches, bei Grundstücken in Deutschland deutsches Recht Anwendung usw.

Demgegenüber beruft eine *einseitige Kollisionsnorm* immer nur das inländische, d.h. das Schweizer Recht. Ein Beispiel hierfür ist Art. 34 Abs. 1 IPRG, wonach die Rechtsfähigkeit dem schweizerischen Recht untersteht.

Allseitige Kollisionsnormen entsprechen dem Ideal der kollisionsrechtlichen Gerechtigkeit viel besser. Das IPRG sieht daher *überwiegend* solche Verweisungen vor. Einseitige Kollisionsnormen bilden die Ausnahme. Sie werden primär dort eingesetzt, wo der Gesetzgeber materiell-rechtliche Wertvorstellungen des Schweizer Rechts international durchsetzen will (die Rechtsfähigkeit nach Schweizer Recht ist nicht verhandelbar) oder wo die inländischen Behörden nicht mit der Anwendung ausländischen Rechts belastet werden sollen (Schweizer Zivilstandsbeamte sollen sich nicht mit ausländischem Eherecht auseinandersetzen müssen; Art. 44 Abs. 1 IPRG).

c) Ausgestaltungsmöglichkeiten von Anknüpfungen

Soweit das Gesetz eine allseitige Kollisionsnorm vorsieht, bedient sich diese in ihrer einfachsten Erscheinungsform eines einzigen Anknüpfungsbegriffs. Hingewiesen sei erneut auf Art. 99 Abs. 1 IPRG: Einzig massgebliches Anknüpfungskriterium bei der Verweisung von dinglichen Rechten an Grundstücken bildet der Ort der gelegenen Sache.

Daneben bestehen folgende weitere Ausgestaltungsmöglichkeiten von Anknüpfungen:

aa) Alternative Anknüpfung

Bei der alternativen Anknüpfung stellt die Kollisionsnorm *nebeneinander* mehrere Anknüpfungsbegriffe zur Verfügung. Nach Art. 1 des Haager Übereinkommens über das auf die Form letztwilliger Verfügungen anzuwendende Recht (vgl. S. 101) ist eine letztwillige Verfügung formgültig, wenn diese dem innerstaatlichen Recht entspricht a) des Ortes, an dem der Erblasser letztwillig verfügt hat, *oder* b) eines Staates, dessen Staatsangehörigkeit der Erblasser im Zeitpunkt der Verfügung oder im Zeitpunkt des Todes besessen hat, *oder* c) eines Ortes, an dem der Erblasser im Zeitpunkt der Verfügung oder im Zeitpunkt des Todes seinen Wohnsitz gehabt hat usw. Die Alternativanknüpfung *begünstigt ein bestimmtes materiell-rechtliches Ergebnis.* Im Beispiel bewirkt sie die Anknüpfung an das Recht mit den geringsten Anforderungen an die Form von letztwilligen Verfügungen. Daraus folgt die möglichst grosszügige Beurteilung der Formgültigkeit solcher Verfügungen im internationalen Rechtsverkehr: *favor testamenti.*

bb) Kumulative Anknüpfung

Auch bei der kumulativen Anknüpfung stellt eine Kollisionsnorm mehrere Anknüpfungsbegriffe zur Verfügung, jedoch nicht nebeneinander, sondern *gemeinsam.* Dabei wird verlangt, dass *zugleich* die Voraussetzungen mehrerer Rechtsordnungen erfüllt sein müssen. Entsprechend sind nach Art. 95 Abs. 3 IPRG korrespektive Testamente insbes. nur dann zulässig, wenn sie dem Wohnsitzrecht jedes Verfügenden entsprechen. Hat einer der Verfügenden Wohnsitz etwa in der Schweiz, bleiben korrespektive Testamente mangels Zulässigkeit in der Schweiz ausgeschlossen, auch wenn sie nach dem Wohnsitzrecht des anderen Verfügenden zulässig wären. Vorbehalten bleibt die Wahl des gemeinsamen Heimatrechts nach Art. 95 Abs. 3 IPRG *in fine.* Mit der kumulativen Anknüpfung soll *Entscheideinklang in den tangierten Rechtsordnungen* bewirkt werden. Die Rechtsfolgen sollen die gleichen sein, unabhängig davon, welchen betroffenen Staates Behörden zuständig sind.

cc) Kaskadenanknüpfung

Eine Kaskadenanknüpfung liegt vor, wenn in einer Kollisionsnorm eine *Stufenfolge* von Anknüpfungsbegriffen vorgesehen ist. So unterstehen nach Art. 54 IPRG die güterrechtlichen Verhältnisse der Ehegatten dem Recht des Staates, in dem beide gleichzeitig ihren Wohnsitz haben. Versagt diese Anknüpfung, gilt das Recht des Staates, in dem beide Ehegatten zuletzt gleichzeitig ihren Wohnsitz hatten. Versagt auch diese Anknüpfung, findet das gemeinsame Heimatrecht Anwendung. Versagt schliesslich auch diese Anknüpfung, so gilt die Gütertrennung des schweizerischen Rechts. Die Kaskadenanknüpfung folgt in diesem Beispiel dem *kollisionsrechtlichen Ideal:* Berufen werden soll jeweils das Recht des engsten Zusammenhangs. Daneben verfolgen Kaskadenanknüpfungen gelegentlich auch *materiell-rechtliche Ziele.* Vgl. dazu Art. 4 ff. des Haager Übereinkommens über das auf Unterhaltspflichten anzuwendende Recht (SR 0.211.213.01): Gewährleistung von Unterhaltsansprüchen.

dd) Akzessorische Anknüpfung

Als akzessorische Anknüpfung wird schliesslich bezeichnet, wenn eine Kollisionsnorm der Anknüpfung einer anderen Kollisionsnorm folgt. In diesem Sinne unterstehen nach Art. 133 Abs. 3 IPRG Ansprüche aus Delikt dem Recht, dem der Vertrag untersteht, soweit das deliktische Verhalten zugleich eine Vertragsverletzung begründet. Bei Anspruchskonkurrenz folgt die Anknüpfung des Delikts somit jener des Vertrages. Grund für die akzessorische Anknüpfung ist der *materiell-rechtliche Sachzusammenhang.* Was aus Sicht des materiellen Rechts zusammengehört, soll durch Kollisionsrecht nicht getrennt werden.

d) Subjektive Anknüpfung – objektive Anknüpfung

Als *subjektive Anknüpfung* wird die Möglichkeit der Parteien bezeichnet, das anwendbare Recht *zu wählen.* Eine entsprechende Rechtswahlmöglichkeit gilt namentlich in vermögensrechtlichen Angelegenheiten, insbes. bei Verträgen (Art. 116 IPRG). Sie ist Ausfluss der Dispositionsfreiheit der Parteien (auch *Parteiautonomie)* und als solche der verlängerte Arm der materiell-rechtlichen Privatautonomie (Art. 19 f. OR). Entsprechend erfährt sie Einschränkungen vorab in jenen Rechtsgebieten, in denen bereits das materielle Recht den Parteien die Dispositionsfreiheit ganz oder teilweise entzieht (sozialpolitisch motivierte Gesetzgebung z.B. im Bereich des Ehe-, Kindes- oder auch Konsumentenrechts).

Demgegenüber bezeichnet die *objektive Anknüpfung* den Fall, in dem das anwendbare Recht nicht von den Parteien gewählt, sondern durch einen *gesetzlich definierten Inlandsbezug* ermittelt wird. Angeknüpft wird z.B. an den Wohnsitz, die Staatsangehörigkeit, den Belegenheitsort usw. Die objektive Anknüpfung ist dort einzige Methode, wo eine Rechtswahl ausgeschlossen ist. Im Übrigen bildet sie die gesetzliche Auffanglösung, falls die Parteien das Recht nicht oder nicht wirksam wählen.

e) Sonderanknüpfung

Kollisionsnormen sind im Ausgangspunkt weitgefasst. Es gilt der Grundsatz: *ein Rechtsverhältnis, eine Verweisung* (vgl. S. 150). Dazu gibt es verschiedene *Ausnahmen*, die allesamt unter dem Begriff der Sonderanknüpfung zusammengefasst werden.

Von der *Sonderanknüpfung einer Teilfrage* ist die Rede, wenn ein spezifischer Aspekt einer Rechtsbeziehung aus der Grundanknüpfung herausgebrochen und einer besonderen Kollisionsnorm unterstellt wird. So wird z.B. die Formgültigkeit eines Vertrages nach Art. 124 IPRG von der für Verträge im Übrigen geltenden Verweisung (Art. 116 f. IPRG) gesondert angeknüpft. Vergleichbar gilt für die Handlungsfähigkeit nicht das Vertragsstatut (Art. 116 IPRG), sondern ist die Sonderanknüpfung von Art. 35 f. IPRG zu beachten.

Auch *Vorfragen* erfahren im IPR eine *Sonderanknüpfung*. Dabei ist zwischen *kollisionsrechtlichen* und *materiell-rechtlichen Vorfragen* zu unterscheiden. Erstere liegen vor, wenn der Tatbestand einer Kollisionsnorm ein bestimmtes Rechtsverhältnis voraussetzt. Bei zweiteren wird im Tatbestand einer berufenen materiellen Rechtsvorschrift auf ein bestimmtes Rechtsverhältnis Bezug genommen. In beiden Fällen erfolgt die Anknüpfung der Vorfrage *selbständig* nach dem IPR der *lex fori*. Das Gericht entscheidet nach seinem eigenen Kollisionsrecht bzw. nach seinen Vorschriften über die Anerkennung und Vollstreckung, ob das so vorausgesetzte Rechtsverhältnis besteht oder nicht.

Beispiel 1: Nach Art. 49 IPRG gilt für die Unterhaltspflicht zwischen Ehegatten das Haager Übereinkommen über das auf die Unterhaltspflichten anzuwendende Recht. Dass eine Unterhaltspflicht besteht, setzt eine gültige Eheschliessung voraus. Letztere bildet eine kollisionsrechtliche Vorfrage. Wurde die Ehe im Ausland geschlossen, ist nach Art. 45 IPRG zu entscheiden, ob aus Schweizer Sicht eine gültige Eheschliessung vorliegt.

Beispiel 2: Nach Art. 90 IPRG untersteht der Nachlass einer Person mit letztem Wohnsitz in der Schweiz schweizerischem Recht. Dies führt u.a. zur gesetzlichen Erbfolge von Art. 457 ZGB. Danach gelten als nächste Erben eines Erblassers seine Nachkommen. Die Kinder erben zu gleichen Teilen. Als materielle Vorfrage setzt Art. 457 ZGB das Vorliegen eines Kindesverhältnisses voraus. Ist dieses strittig, hat der Schweizer Richter nach Art. 68 ff. IPRG das massgebliche Kindsstatut zu ermitteln.

Als *Sonderanknüpfung einer Hauptfrage* wird der Fall bezeichnet, in dem schon die Hauptfrage nicht der Regelverweisung, sondern einer speziellen Kollisionsnorm unterstellt ist.

Beispiel 1: Für Verträge gilt die (Regel-)Verweisung von Art. 116 f. IPRG. Für einzelne Vertragstypen sieht das IPRG aber eine Sonderanknüpfung vor, so z.B. für Kaufverträge über bewegliche Sachen in Art. 118 IPRG, für Konsumentenverträge in Art. 120 IPRG oder für Arbeitsverträge in Art. 121 IPRG.

Beispiel 2: Delikte unterstehen der (Regel-)Verweisung von Art. 132 f. IPRG. Für einzelne Deliktstypen gilt indes eine Sonderanknüpfung, so z.B. für die Produkthaftung in Art. 135 IPRG oder für die Haftung aus unlauterem Wettbewerb in Art. 136 IPRG.

Der Begriff *Sonderanknüpfung* wird schliesslich auch für die *Korrektur der Regelverweisung im Einzelfall* verwendet. Wird die Verweisung nach Art. 15–19 IPRG korrigiert – Ausnahmeklausel, Eingriffsnormen, *Ordre public* –, wird ebenfalls von einer Sonderanknüpfung gesprochen.

f) Zeitpunkt der Anknüpfung

Anknüpfungsbegriffe können *unwandelbar* – d.h. immobil – oder *wandelbar* – d.h. mobil – sein. Der Lageort eines Grundstückes oder der Handlungsort eines Deliktes begründen einen unwandelbaren Anknüpfungsbegriff. Der Wohnsitz, der gewöhnliche Aufenthalt oder die Staatsangehörigkeit einer natürlichen Person sind Beispiele für wandelbare Anknüpfungsbegriffe.

Wandelbare Anknüpfungsbegriffe können über die Grenze hinweg verlegt werden. So kann z.B. der Wohnsitz von Staat A in den Staat B gewechselt oder ein neues Heimatrecht erworben werden. Anders als bei unwandelbaren Anknüpfungsbegriffen erscheint hier daher der Zeitpunkt der Anknüpfung von Bedeutung. Hat die nach Art. 117 Abs. 2 IPRG massgebliche Vertragspartei etwa ihren gewöhnlichen Aufenthalt bei Vertragsschluss in der Schweiz und verlegt sie diesen im Verlauf der vertraglichen Beziehung nach Deutschland, so stellt sich die Frage, ob Schweizer oder deutsches Recht zur Anwendung gelangt, d.h. ob im *Zeitpunkt des Vertragsschlusses* oder im *Zeitpunkt der Anhängigmachung des Rechtsstreits* angeknüpft wird.

Einzelne Kollisionsnormen *legen* den Anknüpfungszeitpunkt *ausdrücklich fest.* So wird in Art. 90 Abs. 1 IPRG auf den letzten Wohnsitz des Erblassers – d.h. auf den Wohnsitz im Zeitpunkt des Todes – abgestellt. Weiter kommt es nach Art. 55 Abs. 1 i.V.m. Art. 54 Abs. 1 lit. a IPRG für die Anknüpfung des Güterrechts auf den gemeinsamen Wohnsitz der Ehegatten im Zeitpunkt der Auflösung des Güterstandes an.

Im Übrigen ist der Zeitpunkt der Anknüpfung durch *Auslegung* zu ermitteln. So schweigt z.B. Art. 117 Abs. 2 IPRG zum Zeitpunkt der Anknüpfung von Verträgen. Gemäss BGer ist insoweit in der Regel auf den Zeitpunkt des Vertragsabschlusses abzustellen *(Vertrauensschutz)*. Nur ganz ausnahmsweise kann ein Wechsel des gewöhnlichen Aufenthalts insoweit Einfluss auf die Anknüpfung nehmen.

Die räumliche Verlegung des massgeblichen Anknüpfungsbegriffs während der Dauer des Rechtsverhältnisses kann die Anknüpfung in *dreifacher Weise* beeinflussen (vgl. auch Art. 55 IPRG, S. 76 f.):

- Rücksichtnahme auf die Veränderung und Anwendung des neuen Rechts für die gesamte Dauer des Rechtsverhältnisses, d.h. *rückwirkende Anwendung des neuen Rechts* (sog. *effet rétroactif);*
- Rücksichtnahme auf die Veränderung und *Anwendung des alten Rechts bis zu diesem Zeitpunkt* sowie *Anwendung des neuen Rechts ab diesem Zeitpunkt* (sog. *effet immédiat);*
- keine Rücksichtname auf die Veränderung und *Anwendung des alten Rechts für die gesamte Dauer* des Rechtsverhältnisses (sog. *survie de la loi ancienne).*

Soweit ein neues Recht berufen wird – d.h. in Fällen des *effet rétroactif* und des *effet immédiat* –, spricht man von einem *Statutenwechsel.*

g) Sachnorm- und Gesamtverweisung

Das aufgrund der Verweisung berufene Recht findet nach Art. 13 IPRG in seiner Gesamtheit Anwendung (vgl. S. 170). Entsprechend stellt sich die Frage, ob die Verweisung *nur auf materielles Recht* erfolgt (sog. Sachnormverweisung) oder ob *auch das Kollisionsrecht* erfasst wird (sog. Gesamtverweisung).

Erfolgt die Verweisung unter Einschluss des ausländischen Kollisionsrechts, darf nicht direkt das betreffende materielle Recht angewendet werden. Vielmehr muss zunächst das ausländische Kollisionsrecht befragt werden. Dieses kann im Wesentlichen *drei Rechtsfolgen* vorsehen:

- die Verweisung wird *angenommen.* Dies ist namentlich dort der Fall, wo das ausländische Kollisionsrecht den gleichen Anknüpfungsbegriff verwendet;

Beispiel: A hat seinen Wohnsitz in Deutschland; das IPRG knüpft i.S. einer Gesamtverweisung an den Wohnsitz von A an; das deutsche Kollisionsrecht knüpft ebenfalls an den Wohnsitz von A an; die Verweisung wird angenommen, das materielle deutsche Recht findet Anwendung.

– es wird *zurückverwiesen;*

Beispiel: A hat seinen Wohnsitz in Deutschland; das IPRG knüpft i.S. einer Gesamtverweisung an den Wohnsitz von A an; das EGBGB knüpft demgegenüber an die Staatsangehörigkeit von A an; A ist Schweizer Staatsangehöriger; es wird auf das Schweizer Recht zurückverwiesen.

Das EGBGB kann als Sachnormverweisung oder als Gesamtverweisung auf das Schweizer Recht zurückverweisen. Im letzten Fall kommt es zu einem *Ping-Pong,* d.h., es wird zwischen dem deutschen und dem schweizerischen Recht hin und her verwiesen.

– es wird *weiterverwiesen.*

Beispiel: A hat seinen Wohnsitz in Deutschland; das IPRG knüpft i.S. einer Gesamtverweisung an den Wohnsitz von A an; das deutsche Recht knüpft an die Staatsangehörigkeit von A an; A ist italienischer Staatsangehöriger.

Die Anknüpfung nach deutschem EGBGB kann als Sachnorm- oder als Gesamtverweisung ausgestaltet sein. Im ersten Fall gilt materielles italienisches Recht, im zweiten Fall ist das italienische Kollisionsrecht zu befragen. Dieses kann jede der hier aufgeführten Rechtsfolgen vorsehen: Annahme der Verweisung, Rückverweisung, Weiterverweisung.

Das *IPRG* geht von *Sachnormverweisungen* aus (Art. 14 Abs. 1 IPRG). Eine *Gesamtverweisung* ist nur ausnahmsweise anzunehmen, wenn das *Gesetz sie ausdrücklich vorschreibt.* Dies ist zum einen in Art. 37 Abs. 1 IPRG *in fine* der Fall. Danach untersteht der Name einer Person mit Wohnsitz im Ausland dem Recht, auf welches das *Kollisionsrecht* des Wohnsitzstaates verweist. Zum andern findet nach Art. 91 Abs. 1 IPRG auf den Nachlass einer Person mit letztem Wohnsitz im Ausland das Recht Anwendung, auf welches das *Kollisionsrecht* des Wohnsitzstaates verweist.

Weiter ist nach Art. 14 Abs. 2 IPRG in Fragen des Personen- oder des Familienstandes eine *Rückverweisung* auf Schweizer Recht zu beachten. Eine Weiterverweisung bleibt demgegenüber unberücksichtigt. Es liegt eine «halbe Gesamtverweisung» vor. Als Anwendungsbeispiel gilt Art. 68 IPRG (Entstehung des Kindsverhältnisses durch Abstammung).

Soweit nach Art. 14 Abs. 1 und 2 IPRG eine Rückverweisung zu beachten ist, nimmt die h.L. eine *Sachnormverweisung* auf Schweizer Recht an. Einem *Ping-Pong* der Rechtsordnungen wird nicht Hand geboten, sondern es wird das materielle Schweizer Recht angewendet. Demgegenüber wird bei einer Weiterverweisung gemäss Art. 14 Abs. 1 IPRG auf das ausländische Kollisionsrecht abgestellt. Ordnet dieses eine Gesamtverweisung an, wird diese beachtet. Entsprechend ist – zumindest theoretisch – eine *Kette von Weiterverweisungen* möglich. Nach h.L. ist die Weiterverweisung dort abzubrechen, wo auf ein Recht verwiesen wird, das in der Kette schon einmal berufen wurde. Diese «Rückverweisung» gilt als *Sachnormverweisung.*

Beispiel: Nach Art. 91 Abs. 1 IPRG erfolgt eine Gesamtverweisung auf das deutsche Recht. Dieses beruft als Gesamtverweisung das italienische Recht. Das italienische Recht nimmt die Verweisung nicht an, sondern verweist seinerseits als Gesamtverweisung auf das französische Recht weiter. Auch das französische IPR nimmt die Verweisung nicht an, sondern verweist seinerseits als Gesamtverweisung auf deutsches Recht. Aus Schweizer Sicht wird die Verweisung an dieser Stelle abgebrochen. Es findet das materielle deutsche Recht Anwendung.

h) *lex causae*

Das in der Sache schliesslich berufene materielle Recht wird auch als *lex causae*, als das in der Sache anwendbare Recht oder als *Statut* (Erbstatut, Vertragsstatut, Deliktsstatut usw.) bezeichnet.

3. Korrektur der Verweisung

a) Ausnahmeklausel

Das IPRG will jene Rechtsordnung berufen, die den *engsten Bezug* zum Sachverhalt aufweist. Dabei bedient es sich *generell-abstrakter* Kollisionsnormen; die konkreten Rechtsfragen werden anhand eines gesetzlich vordefinierten Anknüpfungsbegriffs einer bestimmten Rechtsordnung zugewiesen. Diese einer *mathematischen Formel* gleichende Vorgehensweise hat den Vorteil der *Vorhersehbarkeit* und *Rechtssicherheit.* Sie mag indes nicht immer gewährleisten, dass in der Sache effektiv das engst verbundene Recht berufen wird. Der Einzelfall mag *atypisch* sein und durch die generell-abstrakte Kollisionsnorm nicht zutreffend wiedergegeben werden.

In solchen Fällen ermöglicht Art. 15 IPRG ausnahmsweise eine Korrektur der Regelverweisung. Art. 15 IPRG ist *sehr restriktiv* zu handhaben: Aus Gründen der Rechtssicherheit darf ein Abweichen nur dort erfolgen, wo nach den *gesamten Umständen offensichtlich* ist, dass der Sachverhalt mit dem berufenen Recht in *nur geringem* und mit einem anderen Recht in einem *viel engeren Zusammenhang* steht. Die so umschriebene Korrektur kommt sodann nur bei der objektiven Anknüpfung zum Tragen. Liegt eine Rechtswahl vor, ist sie untersagt (Art. 15 Abs. 2 IPRG).

Die Ausnahmeklausel dient *ausschliesslich der kollisionsrechtlichen Gerechtigkeit.* Erwägungen zum materiellen Recht dürfen bei Art. 15 IPRG keine Rolle spielen.

Beispiel 1: Ein Ehepaar wohnt während der Dauer der Ehe in zahlreichen Staaten. In einem dieser Staaten erwerben die Ehegatten ein gemeinsames Heimatrecht (*in casu* das texanische Recht). Der Wohnsitz in den jeweiligen Staaten ist nur von kurzer Dauer. Zuletzt wohnt das Ehepaar für längere Zeit in der Schweiz. Nach der Trennung bleibt ein Ehegatte in der Schweiz wohnhaft, der andere Ehegatte zieht nach Deutschland. Nach Art. 61 Abs. 2 aIPRG wurde in dieser Situation das gemeinsame Heimatrecht, d.h. das texanische Recht, als Scheidungsstatut berufen. Nach Auffassung des BGer bestand im betreffenden Fall indes ein nur geringer Zusammenhang zum texanischen Recht und ein viel stärkerer Bezug zum Schweizer Recht, weshalb eine Korrektur nach Art. 15 IPRG bejaht wurde (BGE 118 II 79).

Beispiel 2: Ein Ehegatte wohnt in der Schweiz, der andere Ehegatte wohnt in Frankreich. Beide Ehegatten sind französische Staatsangehörige. Der Ehemann hat während der langjährigen Dauer der Ehe in der Schweiz gearbeitet und ein beträchtliches Vorsorgeguthaben in der Schweiz geäufnet. Nach Art. 63 Abs. 2 i.V.m. Art. 61 Abs. 2 aIPRG fand auf das Vorsorgeguthaben französisches Recht Anwendung. Das BGer erachtete jedoch das in der Schweiz belegene Vorsorgeguthaben als *vorsorgeprägend,* weshalb es eine Korrektur nach Art. 15 IPRG bejahte und Schweizer Recht auf den Vorsorgeausgleich anwandte (BGE 131 III 289).

Beispiel 3: Die Gesellschaft hat ihren statutarischen Sitz im Ausland. *De facto* führt sie ihre Geschäfte von der Schweiz aus. Nach Art. 154 Abs. 1 IPRG untersteht die Gesellschaft dem ausländischen Gründungsrecht. Das BGer untersagte eine Korrektur der Verweisung nach Art. 15 IPRG. Es nahm insbes. eine rechtswahlähnliche Situation an und verweigerte die Korrektur gestützt auf Art. 15 Abs. 2 IPRG (BGE 117 II 494).

b) Eingriffsnormen

Als Eingriffsnormen (auch *loi d'application immédiate)* gelten Vorschriften des materiellen Rechts, die auch in internationalen Sachverhalten zur Anwendung gelangen und der kollisionsrechtlichen Verweisung vorgehen wollen. Es handelt sich klassischerweise um Normen mit *staats- und wirtschaftspolitischer Zielsetzung* (Währungs- und Kapitalmarktvorschriften, Import- und Exportbestimmungen, Wettbewerbsrecht, aufsichtsrechtliche Vorschriften im Banken- und Versicherungsbereich usw.) sowie um Vorschriften von *besonderer sozialpolitischer Tragweite* (vereinzelt Bestimmungen des Arbeitsrechts, des Miet- und des Pachtrechts oder des Konsumentenrechts). Vielfach betrifft es Vorschriften des *öffentlichen Rechts.* Aber auch *privatrechtliche Bestimmungen* kommen in Frage. Insoweit gilt es zu unterscheiden: Nicht jede zwingende Norm des Privatrechts gilt zugleich auch als international zwingende Norm i.S. des Eingriffsrechts.

Art. 9 Abs. 1 Rom I-VO enthält eine Legaldefinition der Eingriffsnorm, die auch für die Zwecke des Schweizer IPRG herangezogen werden darf. Eine Eingriffsnorm ist danach eine zwingende Vorschrift, *«deren Einhaltung von einem Staat als so entscheidend für die Wahrung seines öffentlichen Interesses, insbesondere seiner politischen, sozialen oder wirtschaftlichen Organisation, angesehen wird, dass sie ungeachtet des nach Massgabe dieser Verordnung auf den Vertrag anzuwendenden Rechts auf alle Sachverhalte anzuwenden ist, die in ihren Anwendungsbereich fallen.»*

Art. 18 IPRG befasst sich mit *Eingriffsnormen des schweizerischen Rechts.* Diese gehen der Verweisung im IPRG BT vor.

Art. 19 IPRG handelt demgegenüber von den *Eingriffsnormen des ausländischen Rechts.* Deren Anwendung gilt es zu prüfen, wenn nach der Verweisung im IPRG Schweizer Recht oder ein anderes ausländisches Recht berufen wird. Ausländische Eingriffsnormen finden nur unter sehr *restriktiven* Voraussetzungen Beachtung in der Schweiz. Erforderlich sind a) ein enger Zusammenhang des Sachverhalts mit der betreffenden Rechtsordnung, b) ein überwiegendes Interesse mindestens einer Partei an der Berücksichtigung der Eingriffsnorm, c) die Schutzwürdigkeit dieses Parteiinteresses nach schweizerischer Rechtsauffassung und d) ein nach schweizerischer Rechtsauffassung sachgerechtes Ergebnis.

Namentlich die *Schutzwürdigkeit des Parteiinteresses* stellt in diesem Zusammenhang ein *sachfremdes* (und hinderliches) *Kriterium* dar. Dies zeigt das Beispiel einer von beiden Parteien *absichtlich* begangenen Verletzung ausländischen Wettbewerbsrechts. Letzteres könnte nach Art. 19 IPRG dem Wortlaut nach nicht als Eingriffsnorm herangezogen werden, weil keine der Parteien ein schutzwürdiges Interesse an der Beachtung des ausländischen Wettbewerbsrechts geltend machen kann.

Beispiel 1: Art. 10 Abs. 3 UWG – Klagerecht des Bundes aus unlauterem Wettbewerb, wenn er es zum Schutz des Ansehens der Schweiz im Ausland als nötig erachtet und die klageberechtigten Personen im Ausland ansässig sind – gilt als Eingriffsnorm (BGE 136 III 23).

Beispiel 2: Das Verbot der Errichtung einer Familienfideikommisse nach Art. 335 Abs. 2 ZGB hat nicht die Qualität einer Eingriffsnorm. Das Schweizer Recht verbietet nicht sämtliche Familienstiftungen. Sodann ist das Verbot von Familienfideikommissen kaum mehr zeitgemäss (BGE 135 III 614).

Beispiel 3: Kartellrechtliche Verbote können Eingriffsnormen darstellen. Namentlich kann auf einen Distributionsvertrag, der schweizerischem Recht untersteht, europäisches Wettbewerbsrecht Anwendung finden. Daraus kann sich die Nichtigkeit des Distributionsvertrages ergeben (vgl. die Rechtsprechungsübersicht in BSK IPRG-Mächler-Erne/Wolf-Mettier, Art. 19 Rz. 25a).

Die Qualifikation von Art. 10 Abs. 3 UWG als Eingriffsnorm wurde ursprünglich vom BGer vorgenommen. Im Rahmen einer Revision des UWG im Jahr 2012 wurde die Rechtsprechung alsdann ins Gesetz überführt. Entsprechend hält Art. 10 Abs. 5 UWG heute ausdrücklich fest, dass «[b]ei Klagen des Bundes [...] dieses Gesetz im Sinne von Art. 18 des Bundesgesetzes vom 18.12.1987 über das internationale Privatrecht zwingend anzuwenden [ist].»

c) Ordre public

Ausländisches Recht, welches den *Grundvorstellungen der Schweizer Rechtsordnung* widerspricht, darf im Inland keine Anwendung finden. Es liegt mitunter eine Verletzung des Schweizer *Ordre public* vor: Art. 17 IPRG. Die Grundvorstellungen der Schweizer Rechtsordnung finden sich namentlich in der BV. Daneben können auch fundamentale Grundsätze des Schweizer Privatrechts gegebenenfalls dem *Ordre public* zugehören. Das Gericht entscheidet im Einzelfall. Sein Werturteil ist faktisch von Ermessen geprägt.

Beispiele zum *Ordre public* finden sich vor allem im Internationalen Familien- und Erbrecht, namentlich im Zusammenhang mit:

- Mehrfachehen;
- Ehen zwischen gleichgeschlechtlichen Paaren (früher);
- Ehen mit Minderjährigen;
- Ehen zwischen Verwandten;
- der Zuteilung der elterlichen Sorge ohne Rücksichtnahme auf das Kindeswohl;
- Leihmutterschaften;
- dem Pflichtteilsschutz (vom BGer verneint).

Demgegenüber spielt der *Ordre public* im Internationalen Wirtschaftsrecht eine untergeordnete Rolle. Zu erwähnen sind folgende Prinzipien:

- *pacta sunt servanda;*
- Verbot des Rechtsmissbrauchs;
- Verjährbarkeit von Ansprüchen.

4. Ermittlung und Anwendung des ausländischen Rechts

a) Ermittlung

Nach Art. 16 Abs. 1 IPRG gilt auch für das ausländische Recht der Grundsatz *iura novit curia*. Dies trifft sowohl auf das *ausländische materielle Recht* als auch auf das *ausländische Kollisionsrecht* zu. Das Gericht kann indes die Parteien zur Ermittlung des ausländischen Rechts anhalten. Verweigert eine Partei ihre Mitwirkung, hat dies jedoch keine unmittelbaren Auswirkungen auf die Rechtsanwendung. Das Gericht muss den Inhalt des ausländischen Rechts *gleichwohl* von Amtes wegen ermitteln. Sanktionsmöglichkeiten ergeben sich namentlich bei der Verteilung der *Verfahrenskosten*.

Abweichendes gilt bei *vermögensrechtlichen Streitigkeiten* (Art. 16 Abs. 1 IPRG *in fine*). Hier kann das Gericht den Parteien den *Nachweis* des ausländischen Rechts überbinden. Alsdann finden die Beweisregeln der ZPO Anwendung (Art. 150 Abs. 2 ZPO). Im Ausgangspunkt ist jene Partei beweispflichtig, die aus dem ausländischen Recht eine Rechtsfolge ableitet. Wird das ausländische Recht nicht (genügend) nachgewiesen, findet nach Art. 16 Abs. 2 IPRG das *Schweizer Recht als Ersatzrecht* Anwendung.

Die Anwendung des Schweizer Ersatzrechts als Rechtsfolge des ungenügenden Rechtsnachweises nach Art. 16 Abs. 1 IPRG *in fine* ist umstritten. Das BGer tendiert auch insoweit dazu, die Gerichte zur amtswegigen Ermittlung des ausländischen Rechts anzuhalten. Damit verwischt es die Abgrenzung zur Mitwirkungsobliegenheit bei den nicht-vermögensrechtlichen Streitigkeiten.

Die Anwendung des Schweizer Ersatzrechts gilt auch dort, wo der Inhalt des ausländischen Rechts nicht mit Sicherheit ermittelt werden kann. Zu denken ist etwa an Kriegsgebiete, für welche sich kein Recht mehr nachweisen lässt, oder an nur sehr schwer zugängliche Stammes- oder Sippenrechte, deren Inhalt den Aussenstehenden verborgen bleibt. Das BGer ist *streng*, was die Anwendung von schweizerischem Ersatzrecht anbelangt. Art. 16 Abs. 2 IPRG darf *nicht dem versteckten Heimwärtsstreben* dienen.

Was die Ermittlung des ausländischen Rechts anbelangt, so sei auf folgende *Möglichkeiten* hingewiesen:

- selbständige Sichtung von Gesetzgebung, Rechtsprechung und Literatur (z.B. in Fachbibliotheken oder im Internet);
- Anfrage an ausländische Hochschulen und Forschungsinstitute oder Beauftragung eines ausländischen Anwalts;
- Anfrage beim Schweizerischen Institut für Rechtsvergleichung in Lausanne (vgl. Art. 3 Abs. 1 lit. c des Bundesgesetzes über das Schweizerische Institut für Rechtsvergleichung [SR 425.1]);

- Anfrage gemäss Europäischem Übereinkommen betreffend Auskünfte über ausländisches Recht (SR 0.274.161); diese Möglichkeit steht jedoch nur den gerichtlichen Behörden der Vertragsstaaten offen.

b) Anwendung

Schweizer Behörden haben das ausländische Recht so anzuwenden, wie es im betreffenden Staat Anwendung findet. Sie haben sich mitunter «den Hut des ausländischen Richters aufzusetzen». Nach Art. 13 IPRG erfasst die Verweisung sämtliche Vorschriften des ausländischen Rechts, die nach diesem Recht auf den Sachverhalt Anwendung finden wollen. Das ausländische Recht findet in seiner *Gesamtheit* Anwendung, unabhängig davon, ob es sich um Privat- oder öffentliches Recht handelt (Art. 13 Abs. 2 IPRG). Sodann ist die *Normenhierarchie* des ausländischen Rechts zu beachten. Weiter sind die ausländische *Rechtsprechung und Lehre* entsprechend ihrer Bedeutung im jeweiligen Staat zu würdigen.

§ 3 Anerkennung und Vollstreckung

1. Grundlagen

Die Justizhoheit eines Staates endet an den Landesgrenzen. Eine Schweizer Entscheidung gilt daher (zunächst) nur in der Schweiz und eine deutsche Entscheidung nur in Deutschland usw. Alsdann entscheidet jeder Staat nach seinem Recht, ob und inwieweit er ausländische Entscheidungen im Inland mit Wirkungen ausstatten will. Dabei unterliegt er einem gewissen Druck der modernen Gesellschaft. Grenzüberschreitende Sachverhalte sind das Abbild der globalisierten Welt. Damit der Rechtsalltag in dieser Welt funktionieren kann, können im Ausland ergangene Entscheidungen nicht einfach ignoriert werden. Die Staaten sind vielmehr aufgefordert und angehalten, ausländische Entscheidungen unter gewissen Voraussetzungen im Inland anzuerkennen bzw. zu vollstrecken.

Die Vorschriften über die Anerkennung und Vollstreckung von ausländischen Entscheidungen finden sich zunächst im nationalen Recht, in der Schweiz in *Art. 25–31 IPRG* sowie jeweils an letzter Stelle in den Abschnitten des BT. Daneben wird die Anerkennung und Vollstreckung durch zahlreiche bilaterale und multilaterale Staatsverträge gewährleistet. Zentrale Bedeutung kommt *Art. 32 ff. LugÜ* zu.

Innerhalb der EU wird die Anerkennung und Vollstreckung durch ein Netz von Verordnungen sichergestellt. Im Zentrum steht die Brüssel Ia-VO (vgl. S. 4). Daneben zu erwähnen sind die sog. Brüssel IIa-VO (familienrechtliche Verfahren), die EU-UntVO (Unterhaltssachen), die EU-ErbrechtsVO, die EU-VollstrTitelVO (Verordnung zur Einführung eines europäischen Vollstreckungstitels für unbestrittene Forderung), die EU-MahnVO (Verordnung zur Einführung eines europäischen Mahnverfahrens) sowie die EU-BagatellVO (Verordnung zur Einführung eines europäischen Verfahrens für geringfügige Forderungen).

Die Begriffe Anerkennung und Vollstreckung nehmen Bezug auf die klassischen Erscheinungsformen von (Gerichts-)Entscheidungen: Feststellungs-, Gestaltungs- und Leistungsurteile. Letztere können einen negativen (Unterlassen) oder einen positiven Inhalt (z.B. Geldzahlung, Herausgabe) haben. Der Vollstreckung bedürfen einzig *Leistungsurteile.* Dies liegt bei den positiven Leistungsurteilen auf der Hand. Es gilt aber auch für negative Leistungsurteile, welche gegebenenfalls z.B. mit einer Strafandrohung nach Art. 292 StGB vollstreckt werden müssen. *Feststellungs- und Gestaltungsurteile* wirken demgegenüber aus sich selbst heraus (die Existenz eines Rechts wird festgestellt, ein Recht wird durch Urteil begründet usw.). Eine Vollstreckung ist weder erforderlich noch möglich. Die Wirkungen von ausländischen Feststellungs- und Gestaltungsurteilen können in der Schweiz daher einzig anerkannt werden (daher «Anerkennung»). Demgegenüber müssen ausländische Leistungsurteile in der Schweiz gegebenenfalls vollstreckt werden (daher «Vollstreckung»).

Die *Voraussetzungen,* unter denen eine ausländische Entscheidung in der Schweiz Beachtung findet, sind in allen Fällen – d.h. bei der Anerkennung und bei der Vollstreckung – die *gleichen. Unterschiede* bestehen lediglich mit Bezug auf das *Verfahren.* Dazu nachfolgend S. 176 ff.

Mit Bezug auf die Anerkennung und Vollstreckung von ausländischen Entscheidungen in der Schweiz gelten *zwei Grundprinzipien:* 1. Der ausländischen Entscheidung können in der Schweiz nicht mehr Wirkungen zukommen als im ausländischen Erkenntnisstaat. 2. Eine ausländische Entscheidung kann nicht mehr Wirkungen haben als eine vergleichbare inländische Entscheidung. Beide Grundprinzipien werden unter dem Begriff der «kontrollierten Wirkungserstreckung» zusammengefasst.

2. Voraussetzungen der Anerkennung und Vollstreckung

Ausländische Entscheidungen werden in der Schweiz unter folgenden Voraussetzungen anerkannt und vollstreckt:

a) Vorliegen einer Entscheidung

Gegenstand der Anerkennung und Vollstreckung bilden im Ausland ergangene *Entscheidungen* (Art. 32 LugÜ, Art. 25 IPRG). Als solche gelten in erster Linie *Gerichtsurteile.* Aber auch *andere* von einer *Behörde* getroffene Anordnungen über Zivil- und Handelssachen können eine Entscheidung im Rechtssinn sein. Der Begriff «Entscheidung» ist tendenziell *weit* auszulegen, um möglichst alle

Erscheinungsformen ausländischer Rechtsfindung zu erfassen. Zwecks Abgrenzung zum Kollisionsrecht muss indes in jedem Fall eine *Anordnung* vorliegen, die *unmittelbar oder mittelbar in Ausübung staatlicher Hoheitsgewalt erlassen wurde.* Dies lässt sich am Beispiel von Art. 96 IPRG illustrieren. Als Entscheidung im Sinne des Internationalen Erbrechts kann auch ein von einer Verwaltungsbehörde ausgestellter Erbenschein gelten. Selbst im Ausland erworbene Rechte werden vom Gesetzgeber als Entscheidung qualifiziert. Dies kann indes nur für solche Rechte gelten, welche im Ausland gestützt auf eine behördliche Anordnung erworben wurden. Nicht gemeint sein können die von Gesetzes wegen bestehenden Rechte (z.B. die Stellung als gesetzlicher Erbe, das Pflichtteilsrecht). Diesbezügliche Rechtspositionen sind nicht durch Anerkennung und Vollstreckung zu ermitteln, sondern sind der aufgrund der kollisionsrechtlichen Verweisung (Art. 90 ff. IPRG) berufenen *lex causae* zu entnehmen.

Den Entscheidungen gleichgestellt sind *Urteilssurrogate:* Klagerückzug, Klageanerkennung, gerichtlicher Vergleich oder Genehmigung einer Mediationsvereinbarung (vgl. Art. 58 LugÜ, Art. 30 IPRG). Auch *vollstreckbare öffentliche Urkunden* (vgl. für die Schweiz Art. 347 ff. ZPO) gelten als Entscheidungen (Art. 57 LugÜ, Art. 31 IPRG).

Nicht zu den Entscheidungen zählen *Schiedsurteile.* Sie sind nach den Vorschriften über die Internationale Schiedsgerichtsbarkeit anzuerkennen bzw. zu vollstrecken. Ebenfalls *keine* Entscheidung begründen ausländische *Exequaturурteile,* d.h. Urteile, mit denen eine ausländische Behörde eine in einem dritten Staat ergangene Entscheidung anerkannt bzw. vollstreckt hat.

b) Endgültigkeit bzw. Vollstreckbarkeit

Nach *Art. 25 lit. b IPRG* muss die im Ausland ergangene Entscheidung *endgültig* sein. Endgültigkeit liegt vor, wenn *kein ordentliches*

Rechtsmittel mehr eröffnet ist (Ablauf der Rechtsmittelfrist, Verzicht auf das Rechtsmittel, höchstrichterliche Entscheidung).

Im Anwendungsbereich des *LugÜ* erscheint es demgegenüber ausreichend, dass die Entscheidung im Urteilsstaat *vollstreckbar* ist (Art. 38 Abs. 1 LugÜ). Eine Vollstreckung ist daher auch möglich, wenn das ausländische Gericht dem Rechtsmittel die aufschiebende Wirkung entzogen hat oder wenn dem Rechtsmittel von Gesetzes wegen keine aufschiebende Wirkung zukommt.

c) Indirekte Zuständigkeit

Das ausländische Gericht muss *aus Schweizer Sicht* zuständig gewesen sein, über die Rechtssache zu entscheiden (indirekte Zuständigkeit; Art. 25 lit. a IPRG). Für die Einzelheiten vgl. *Art. 26 IPRG* unter Hinweis auch auf die Vorschriften des BT.

Im *LugÜ* wird auf die *Nachprüfung* der indirekten Zuständigkeit *verzichtet* (Art. 35 Abs. 3 LugÜ). Eine Nachprüfung kann (ggf. muss) *ausnahmsweise* erfolgen, so namentlich in Verbraucher- und Versicherungssachen sowie bei den ausschliesslichen Zuständigkeiten nach Art. 22 LugÜ (Art. 35 Abs. 1 LugÜ).

d) Fehlen von Verweigerungsgründen

Der Anerkennung und Vollstreckung darf kein Verweigerungsgrund nach *Art. 34 LugÜ* bzw. *Art. 27 IPRG* entgegenstehen. Es bestehen folgende Verweigerungsgründe:

aa) Verletzung des formellen Ordre public

Das ausländische Verfahren muss die *minimalen Grundsätze der Rechtsstaatlichkeit* einhalten. Insbes. müssen die Unparteilichkeit und das rechtliche Gehör gewahrt worden sein. Auch muss das verfahrenseinleitende Schriftstück rechtzeitig und nach IPRG zudem ordnungsgemäss dem Beklagten zugestellt worden sein. In diesem Zusammenhang ist auf den *Vorbehalt der Schweiz zu Art. 34 Abs. 2*

LugÜ (die Rechtzeitigkeit der Zustellung kann nur insoweit als Anerkennungshindernis gelten, als der Beklagte im Urteilsstaat wegen der Verspätung einen Rechtsbehelf eingelegt hat) hinzuweisen.

bb) Materieller Ordre public

Die ausländische Entscheidung hat den *Grundvorstellungen der Schweizer Rechtsordnung* zu entsprechen. Sowie ein Schweizer Gericht im Erkenntnisverfahren kein ausländisches Recht anwenden soll, das dem *Ordre public* widerspricht (Art. 17 IPRG), soll es einer ausländischen Entscheidung die Anerkennung und Vollstreckung versagen, wenn diese den *Ordre public* verletzt. Die h.L. nimmt an, dass der *Ordre public* im Rahmen der Anerkennung und Vollstreckung *weniger streng* zu handhaben ist.

cc) Rechtskraft und Rechtshängigkeit

Die Anerkennung und Vollstreckung wird gegebenenfalls versagt, wenn der ausländischen Entscheidung eine anderweitige, in- oder ausländische, *res iudicata* oder Rechtshängigkeit entgegensteht. In den Einzelheiten weisen hier das LugÜ und das IPRG *Unterschiede* auf. Namentlich stellt die zeitlich frühere inländische Rechtshängigkeit – anders als in Art. 27 Abs. 2 lit. c IPRG – kein Anerkennungshindernis nach LugÜ dar.

e) Keine *révision au fond*

Sowohl im LugÜ als auch im IPRG darf der Inhalt der ausländischen Entscheidung bei der Anerkennung und Vollstreckung nicht mehr nachgeprüft werden (Verbot der *révision au fond*, vgl. Art. 36 LugÜ, Art. 27 Abs. 3 IPRG). Einzige Schranke bildet der materielle *Ordre public.*

3. Verfahren

a) Anerkennung

Die (blosse) Anerkennung ausländischer Entscheidungen – insbes. die Anerkennung ausländischer Feststellungs- und Gestaltungsurteile – kann auf *zwei Arten* erfolgen. Zum einen als inzidente, d.h. *vorfrageweise Anerkennung* (Art. 33 Abs. 1 LugÜ, Art. 29 Abs. 3 IPRG). Der Schweizer Behörde stellt sich eine Vorfrage, über die bereits im Ausland entschieden wurde. Alsdann prüft die Schweizer Behörde ohne formelles Anerkennungsverfahren bei der Beurteilung dieser Vorfrage, ob die ausländische Entscheidung in der Schweiz anerkannt werden kann. Die dergestalt erfolgte Anerkennung erscheint *nicht im Dispositiv* der Schweizer Entscheidung. Sie bewirkt namentlich *keine Rechtskraftwirkung.*

Beispiel: Im Rahmen einer erbrechtlichen Auseinandersetzung in der Schweiz macht die hinterbliebene Ehefrau ihren Pflichtteil geltend. Alsdann kann sich die Frage stellen, ob die Ehefrau im Zeitpunkt des Todes des Ehemanns mit diesem überhaupt (noch) gültig verheiratet war. Dabei gilt es allenfalls zu entscheiden, ob einer im Ausland erfolgten Scheidung in der Schweiz Wirkungen zuerkannt werden (Art. 65 IPRG). Das Schweizer Nachlassgericht wird über die Anerkennung in der Schweiz vorfrageweise entscheiden.

Zum anderen steht es jeder Partei offen, in der Schweiz in einem *selbständigen Verfahren* die Anerkennung der ausländischen Entscheidung zu beantragen (Art. 33 Abs. 2 LugÜ, Art. 29 Abs. 1 IPRG). Das Schweizer Gericht hat alsdann zu prüfen, ob die Voraussetzungen für die Anerkennung vorliegen. Das Ergebnis – Anerkennung oder Nicht-Anerkennung – findet *Eingang* ins diesbezügliche *Urteilsdispositiv.* Es entfaltet – daher – *Rechtskraftwirkung.*

b) Vollstreckung

Soll die ausländische Entscheidung überdies mit Vollstreckungswirkungen versehen werden *(Leistungsurteile)*, bedarf es der Vollstreckbarerklärung in der Schweiz. Letztere wird vom *Vollstreckungsgericht* auf Gesuch hin nach Art. 338 ff. ZPO ausgesprochen. Lautet die ausländische Entscheidung auf Zahlung eines Geldbetrages, kann die Vollstreckbarerklärung auch im *Rechtsöffnungsverfahren* nach Art. 79 ff. SchKG erfolgen. Schliesslich ist der *Arrestrichter* nach Art. 271 Abs. 1 Ziff. 6 und Art. 271 Abs. 3 SchKG gegebenenfalls für die Vollstreckbarerklärung nach Lugano-Übereinkommen zuständig. Für die Einzelheiten vgl. nachfolgend 4.

c) Vorzulegende Dokumente

Bei der Anerkennung und Vollstreckung nach *IPRG* hat der Gesuchsteller gemäss Art. 29 Abs. 1 lit. a–c IPRG folgende Dokumente vorzulegen: eine vollständige und beglaubigte Ausfertigung der ausländischen Entscheidung (praxisgemäss im Original und mit beglaubigter Übersetzung), die Rechtskraftbescheinigung sowie, im Falle eines Abwesenheitsurteils, eine Urkunde, welche belegt, dass die unterlegene Partei gehörig und so rechtzeitig geladen wurde, dass sie sich hätte verteidigen können.

Beurteilt sich die Anerkennung und Vollstreckung nach *LugÜ*, so sind nach Art. 53 ff. folgende Dokumente vorzulegen: die ausländische Entscheidung (im Original und auf Ersuchen des Gerichts in einer beglaubigten Übersetzung) sowie, soweit die Vollstreckung beantragt wird, das Formblatt gemäss Anhang 5 zum Lugano-Übereinkommen oder gleichwertige Belege.

4. Verfahren bei auf Geldzahlung lautenden Entscheidungen nach LugÜ im Besonderen

Für die Vollstreckung von auf Geldzahlung lautenden Entscheidungen bietet sich im Anwendungsbereich des LugÜ ordentlicherweise der Weg über die *Betreibung nach SchKG* an. Daneben enthält das *LugÜ* selbst *eigenständige Regeln* zum Verfahren der Vollstreckung, welche in der Schweiz mit den Mitteln des *Arrestes* umgesetzt werden. Im Einzelnen:

Nach Art. 40 f. LugÜ sehen die Vertragsstaaten ein Verfahren vor, in dem die Behörden auf Antrag *ohne Anhörung des Urteilsschuldners* über die Vollstreckbarerklärung von ausländischen Entscheidungen befinden. Damit verbunden sind Zwangsvollstreckungsmassnahmen in das Vermögen des Urteilsschuldners, die jedoch *nicht über die Sicherung hinausgehen* dürfen (Art. 47 Abs. 3 LugÜ). Weitergehende Zwangsmassnahmen sind erst nach Anhörung des Urteilsschuldners zulässig.

Die Schweiz gewährt entsprechend Zugang zum Arrest. Vollstreckbare Entscheidungen i.S.v. Art. 38 Abs. 1 LugÜ gelten als *definitive Rechtsöffnungstitel* gemäss Art. 80 Abs. 1 SchKG. Demgemäss liegt der Arrestgrund von Art. 271 Abs. 1 Ziff. 6 SchKG vor. Der Urteilsgläubiger kann demnach ein Gesuch auf Arrestlegung des schuldnerischen Vermögens stellen. Zuständig ist der Arrestrichter am Ort der Belegenheit des schuldnerischen Vermögens oder alternativ am Betreibungsort (Art. 272 SchKG). Der Arrestrichter entscheidet alsdann über die Vollstreckbarerklärung der ausländischen Entscheidung (Art. 271 Abs. 3 SchKG). Dabei darf er einzig prüfen, ob der Urteilsgläubiger die in Art. 53 LugÜ vorgesehenen Dokumente vorlegen kann (vgl. dazu vorstehend S. 177). Die Voraussetzungen der Anerkennung und Vollstreckung nach Art. 34 f. LugÜ (vgl. S. 172 ff.) hat er nicht zu prüfen. Es findet mitunter *einzig eine formale und keine inhaltliche Prüfung* der Vollstreckbarkeit statt (vgl. Art. 41 LugÜ).

Sind die Formalien erfüllt, erlässt der Arrestrichter den Arrestbefehl (Art. 274 SchKG). Der Arrestrichter kann Vermögenswerte des Urteilsschuldners *in der gesamten Schweiz* verarrestieren lassen. Gegebenenfalls hat er mehrere Arrestbefehle auszustellen. Nach Vollzug des Arrestbefehls verfasst der damit betraute Betreibungsbeamte die Arresturkunde (Art. 276 Abs. 1 SchKG). Er stellt diese alsdann u.a. dem Urteilsschuldner zu (Art. 276 Abs. 2 SchKG). Zugleich erfolgt die Mitteilung der Vollstreckbarerklärung nach Art. 42 Abs. 2 LugÜ.

Gegen den Arrestbefehl kann der Urteilsschuldner *Einsprache* nach Art. 278 SchKG erheben. Im Einspracheverfahren entscheidet der Arrestrichter über die *arrestbezogenen Einreden und Einwendungen* (fehlende Zuständigkeit, fehlender Arrestgrund u.a.). Daneben kann der Urteilsschuldner *Rechtsbehelf nach Art. 43 LugÜ* bei der oberen kantonalen Gerichtsinstanz einlegen. Damit kann er die *Voraussetzungen der Anerkennung und Vollstreckung* nach Art. 34 f. LugÜ rügen. Gegen den Entscheid der oberen kantonalen Gerichtsbehörde steht der Weg der Beschwerde ans BGer offen (Art. 44 LugÜ).

Sind die Voraussetzungen von Art. 34 f. LugÜ erfüllt, haben die nach Art. 43 f. LugÜ mit dem Rechtsbehelf befassten Gerichte die Vollstreckbarerklärung zu bestätigen. Ausnahmsweise können sie die Vollstreckung *aussetzen* oder von der *Leistung einer Sicherheit* abhängig machen, wenn die ausländische Entscheidung zwar vollstreckbar ist, gegen sie im Ausland indes ein ordentliches Rechtsmittel ergriffen wurde (Art. 46 LugÜ).

Nach Abschluss eines allfälligen Einspracheverfahrens nach SchKG bzw. Rechtsbehelfsverfahrens nach LugÜ ist der Arrest nach den Vorschriften von Art. 279 SchKG durch Betreibung zu *prosequieren*. Im Falle eines Rechtsvorschlags hat der Rechtsöffnungsrichter nur noch über allgemeine Einreden und Einwendungen (Zahlung, Stundung, Verjährung) zu entscheiden. Eine Prüfung der Anerkennungs- und Vollstreckungsvoraussetzungen nach Art. 34 f. LugÜ kann nicht mehr erfolgen.

§ 4 Weitere Fragestellungen

1. Rechtshilfe

Nach dem *Grundsatz der Territorialität* dürfen staatliche Behörden nur im Inland tätig werden. Zivilrechtsstreitigkeiten mit einem grenzüberschreitenden Bezug verlangen demgegenüber nicht selten behördliches Handeln im Ausland. So können sich Verfahrensparteien im Ausland aufhalten und muss – deshalb – die Zustellung von hoheitlichen Anordnungen (z.B. des verfahrenseinleitenden Schriftstücks oder eines Gerichtsurteils) im Ausland erfolgen. Oder die von einer Partei bezeichneten Beweise – z.B. ein Zeuge – befinden sich im Ausland, weshalb eine Beweisabnahme im Ausland erforderlich ist (z.B. die Befragung durch das Gericht im ausländischen Wohnsitzstaat des Zeugen). Entsprechende Handlungen dürfen die inländischen Behörden nicht ohne weiteres von sich aus im Ausland vornehmen (und *vice versa* ausländische Behörden nicht in der Schweiz), sondern es sind die einschlägigen Vorschriften über die Internationale Rechtshilfe in Zivil- und Handlungssachen zu beachten. Diese finden sich in Art. 11– 11c IPRG, wobei in aller Regel – vorrangig – die einschlägigen Vorschriften des Staatsvertragsrechts zur Anwendung gelangen, so namentlich die *Haager Übereinkunft betreffend Zivilprozessrecht vom 01.03.1954* (SR 0.274.12), das *Haager Übereinkommen über die Zustellung gerichtlicher und aussergerichtlicher Schriftstücke im Ausland vom 15.11.1965* (SR 0.274.131) und das *Haager Übereinkommen über die Beweisaufnahme im Ausland vom 18.03.1970* (SR 0.274.132). Danach sind im grenzüberschreitenden Rechtsverkehr u.a. folgende Grundsätze zu beachten:

- Die Zustellung von gerichtlichen Schriftstücken hat in der Regel durch die hierfür von den Vertragsstaaten bezeichnenden Behörden zu erfolgen. Eine direkte postalische Zustellung durch inländische Behörden an Empfänger im Ausland (und *vice versa* von ausländischen Behörden an Empfänger in der Schweiz) ist nur ausnahmsweise gestattet.

- Die Beweisabnahme im Ausland ist grundsätzlich durch die dortigen Behörden nach den dort geltenden Verfahrensvorschriften vorzunehmen. Nur in Ausnahmefällen können die Vorschriften der ersuchenden Behörde Beachtung finden. Ebenfalls nur ausnahmsweise kann die Beweisaufnahme durch die ersuchende Behörde vor Ort im Ausland stattfinden.
- Die Beweisabnahme durch ausländische (namentlich US-amerikanische) Anwälte in der Schweiz im Rahmen von sogenannten *Pre-Trial-Discovery*-Verfahren ist nur in engen Grenzen zulässig. Insbesondere bedarf sie einer vorgängigen Bewilligung durch das Bundesamt für Justiz.
- Das Tätigwerden für eine ausländische Behörde in der Schweiz ohne Einhaltung der Vorschriften über die Internationale Rechtshilfe wird gegebenenfalls strafrechtlich sanktioniert (Art. 271 StGB). Gleiches gilt für die Teilnahme an entsprechenden Verfahrenshandlungen in der Schweiz (z.B. die freiwillige Teilnahme eines in der Schweiz ansässigen Zeugen an einer Befragung durch einen US-amerikanischen Anwalt im Rahmen eines *Discovery*-Verfahrens in einem Hotel in Zürich).
- Kläger mit Wohnsitz in einem Vertragsstaat werden den inländischen Klägern grundsätzlich gleichgestellt. Insbesondere darf keine Prozesskaution mit der Begründung auferlegt werden, der Kläger sei im Ausland ansässig.
- Einzelne Staaten sind bestrebt, den mit der Internationalen Rechtshilfe verbundenen Aufwand (Kosten für Übersetzungen, Zeitverlust u.a.) möglichst gering zu halten. Dazu stehen verschiedene - mehr oder weniger verpönte - Massnahmen offen, wie die öffentliche Zustellung mittels Publikation in einem amtlichen Organ (statt der grenzüberschreitenden Zustellung), die Aufforderung zur Bestellung eines inländischen Zustellungsbevollmächtigten (sodass nicht ins Ausland zugestellt werden muss) oder die Aufforderung von im Ausland ansässigen Zeugen

zum Erscheinen vor den inländischen Gerichtsbehörden unter Androhung von Rechtsnachteilen (z.B. Busse oder, wo möglich, Prozessverlust wegen Beweisvereitelung) im Unterlassungsfall.

2. Zwangsvollstreckung

In grenzüberschreitenden Verhältnissen stellt sich auch mit Bezug auf die Zwangsvollstreckung die Frage nach der Zuständigkeit der inländischen Behörden, dem anwendbaren Recht und der Anerkennung und Vollstreckung ausländischer Entscheide und Massnahmen.

Art. 22 Ziff. 5 LugÜ sieht für die *Einzelzwangsvollstreckung* von Entscheidungen die ausschliessliche Zuständigkeit des Staates vor, in dem die Zwangsvollstreckung durchgeführt werden soll. Auf Konkurse findet das LugÜ nach Art. 1 Abs. 2 lit. b keine Anwendung. Im Übrigen beurteilen sich die internationale und die örtliche *Zuständigkeit* von Einzelzwangsvollstreckungsverfahren in der Schweiz nach Art. 46 ff. SchKG oder gegebenenfalls Art. 339 ZPO. Die Einzelzwangsvollstreckung untersteht den Regeln der *lex fori* (in der Schweiz die Bestimmungen des SchKG oder der ZPO). Nach dem Territorialitätsprinzip ist die Einzelzwangsvollstreckung auf das im Inland belegene Vermögen beschränkt. Für eine *Anerkennung und Vollstreckung* von ausländischen Entscheiden oder Massnahmen besteht daher grundsätzlich kein Raum.

Die Schweizer *Zuständigkeit* für *Gesamt(vollstreckungs)verfahren* (Konkurs, Nachlassverfahren) bestimmt sich nach Art. 46 ff. SchKG. Zuständig sind die Schweizer Behörden am Sitz der Gesamtschuldnerin. Daneben besteht eine Zuständigkeit für Niederlassungskonkurse ausländischer Gesamtschuldner nach Art. 50 SchKG. Zur Anwendung gelangt das *Schweizer Recht (lex fori concursus)*. Die *Anerkennung* ausländischer Konkursentscheide richtet sich nach Art. 166 ff. IPRG. Bis auf weiteres setzt die Anerkennung nach Art. 166 Abs. 1 lit. c IPRG u.a. voraus, dass der ausländische Staat

Gegenrecht hält, d.h. ein Schweizer Konkursdekret im betreffenden Staat anerkannt wird. Im Rahmen der laufenden Revision des Internationalen Konkursrechts soll diese Voraussetzung entfallen.

Jegliche Handlungen ausländischer Konkursverwalter in der Schweiz – z.B. die Geltendmachung von Massenforderungen gegen einen in der Schweiz wohnhaften Schuldner – setzt nach der bundesgerichtlichen Rechtsprechung *de lege lata* die vorgängige Anerkennung des ausländischen Konkursdekrets in einem separaten Exequaturverfahren voraus. Eine vorfrageweise Anerkennung wird abgelehnt. Die Revision des Internationalen Konkursrechts soll auch insoweit Erleichterungen bringen.

Die Anerkennung eines ausländischen Konkursentscheides hat ein vereinfachtes, sogenanntes *Mini-Konkursverfahren* in der Schweiz nach den Regeln von Art. 167 ff. IPRG zur Folge. Dieses dient insbesondere dem Schutz der in der Schweiz ansässigen Gläubiger.

3. Schiedsgerichtsbarkeit

In *vermögensrechtlichen Angelegenheiten* haben die Parteien die Möglichkeit, ihre Streitigkeiten durch ein Schiedsgericht statt durch ein staatliches Gericht entscheiden zu lassen. Hierfür haben sie eine Schiedsgerichtsvereinbarung zu treffen. Dabei ist für gewöhnlich die Schriftform einzuhalten. Die Vorteile der Schiedsgerichtsbarkeit liegen u.a. in Folgendem:

- Schiedsurteile sind grundsätzlich auf der ganzen Welt anerkenn- und vollstreckbar. Weit über 100 Staaten sind dem *New Yorker Übereinkommen über die Anerkennung und Vollstreckung von ausländischen Schiedssprüchen* (SR 0.277.12) beigetreten. Das Übereinkommen gewährleistet die Anerkennung und Vollstreckung von Schiedsurteilen zwischen den Vertragsstaaten. Kernstück des Übereinkommens bildet Art. V, in dem die diesbezüglichen Verweigerungsgründe festgehalten sind.

- Schiedsverfahren sind tendenziell schneller. Es bestehen nur beschränkte Anfechtungsmöglichkeiten, womit der Weg zu einer endgültigen und rechtskräftigen Entscheidung weniger weit erscheint.
- Namentlich in technischen Streitigkeiten eröffnet sich die Möglichkeit, Schiedsrichter mit besonderem Fachwissen zu bestellen.
- Anders als staatliche Verfahren sind Schiedsverfahren nicht öffentlich. Damit scheint die Geheimhaltung besser gewährleistet, was z.B. von Vorteil ist, wenn ein Prozess Geschäftsgeheimnisse zum Gegenstand hat oder besondere Reputationsrisiken in sich birgt.

Die Schiedsgerichtsbarkeit hat freilich auch ihren Preis. Schiedsverfahren sind je nach Ausgestaltung sehr teuer. Die fehlende Öffentlichkeit und die nur beschränkten Anfechtungsmöglichkeiten bedeuten zugleich eine Einschränkung der Rechtsstaatlichkeit.

Die Schiedsgerichtsbarkeit zeichnet sich durch ein hohes Mass an *Gestaltungsfreiheit* aus. Das Verfahren richtet sich im Grundsatz umfassend nach dem *Parteiwillen*. Die Antwort auf Verfahrensfragen – Wie viele Schiedsrichter werden bestellt?, Welches ist die Verfahrenssprache?, Wie viele Schriftenwechsel und Parteivorträge sind vorgesehen?, Wo findet die Verhandlung statt? Usw. – lautet daher in aller Regel: *As agreed by the parties*, d.h. so, wie von den Parteien vereinbart. Theoretisch würde es den Parteien offenstehen, eine umfassende Verfahrensordnung eigens für ihre Rechtsstreitigkeiten zu formulieren.

In der Praxis freilich einigen sich die Parteien regelmässig nur (wenn überhaupt) auf einige Kernpunkte des Schiedsverfahrens, namentlich auf den Sitz des Schiedsgerichts, die Zahl der Schiedsrichter und die Verfahrenssprache. Mit der Wahl des Sitzes des Schiedsgerichts entscheiden die Parteien zugleich über die anwendbare staatliche Schiedsordnung (auch *lex arbitri*). Sehen die Parteien etwa als Sitz des Schiedsgerichts Zürich vor, begründen sie die Anwendbarkeit von Art. 176 ff. IPRG, soweit wenigstens eine der Parteien im Ausland wohnt oder ihren gewöhnlichen Aufenthalt im Ausland hat. Das IPRG regelt alsdann alle zentralen Fragen des Schiedsverfahrens und sieht die Unterstützung durch die staatlichen Gerichte vor, wenn sich in einem Schiedsverfahren ausnahmsweise unüberwindbare Hindernisse auftun. Mit der Vereinbarung des Sitzes des Schiedsgerichts bestimmen die Parteien zugleich über die «Nationalität» des späteren Schiedsurteils. Im erwähnten Beispiel ergeht ein Schweizer Schiedsurteil, das gegebenenfalls im Ausland nach den Regeln des New Yorker Übereinkommens zu vollstrecken ist.

Unterstellen die Parteien ihr Schiedsverfahren auf diese Weise ausschliesslich einer staatlichen Schiedsordnung (*lex arbitri*), spricht man von einem sogenannten *ad hoc* Schiedsverfahren. Daneben haben die Parteien die Möglichkeit, ihr Schiedsverfahren der Schiedsordnung einer Schiedsinstitution zu unterstellen (z.B. ICC-Schiedsverfahren). Dann gilt die entsprechende Schiedsordnung vorrangig zu der am Sitz des Schiedsgerichts geltenden staatlichen Schiedsordnung. Alsdann spricht man von einem *institutionellen Schiedsverfahren.*

Die jeweils geltende (staatliche oder institutionelle) Schiedsordnung enthält auch Regeln über das in der Sache anzuwendende Recht. Insoweit gilt ebenfalls der Grundsatz der Parteiautonomie. Die Parteien können das in der Sache anwendbare Recht wählen. Sie haben dabei auch die Möglichkeit, eine *nicht-staatliche Rechtsordnung* zu wählen (z.B. die European Principles of Contract Law). Weiter ist es möglich, das Schiedsgericht zu einer Entscheidung einzig nach den Regeln von Treu und Glauben zu ermächtigen. Haben die Parteien keinerlei Vereinbarung über das in der Sache anwendbare Recht getroffen, entscheidet das Schiedsgericht nach dem Recht mit dem engsten Sachzusammenhang (vgl. Art. 187 IPRG).

Sachregister

A

B

C

D

E

F

G

H

I

K

L

N

O

P

R

S

T

U

V

W

Z